어쩌면
괜찮은
나이

Mit der Reife wird man immer jünger.
Betrachtungen und Gedichte über das Alte
by Hermann Hesse (edited by Volker Michels)

Copyright © 1990, 2010 by Insel Verlag Frankfurt am Main
Korean Translation Copyright © 2017 by Psyche's Forest Books, Seoul.
All rights reserved by the proprietor throughout the world in the case of brief quotations embodied in critical articles or review.
This Korean edition is published by arrangement with Insel Verlag Berlin through Bestun Koria Literary Agency Co., Seoul

이 책의 한국어판 저작권은 베스튼코리아 출판 에이전시를 통해 저작권자와 독점 계약한 도서출판 프시케의 숲에 있습니다. 저작권법에 의해 한국 내에서 보호를 받는 저작물이므로 무단 전재와 무단 복제를 금합니다.

어쩌면 괜찮은 나이

Mit der Reife
wird man immer
jünger

헤르만 헤세 지음
폴커 미헬스 엮음
유혜자 옮김

일러두기
이 책의 엮은이는 헤르만 헤세의 《시선집》에서 시 부분을 발췌했다. 소설과 긴 산문의 출처와 발표년도는 책 뒤에 실린 부록에 밝혔다. 짧은 글은 대부분 헤세의 편지글에서 가져온 것이다.

차례

1부 나이 든다는 것의 의미

봄이 오는 길목 11
엿듣기 15
여름의 끝 17
나이 든다는 것_1 27
늦여름 32
지나간 시간에 대해 34
때때로 43
요양원에서 44
가르침 51
뱃사공 52
쏜살같이 흐르는 세월! 66
쉰 살의 남자 69
나이 든다는 것_2 75
다시 만난 니나 76

2부 사라지는 것들에 대한 단상

노년이 되어   89
막스 바스메르의 예순 번째 생일에 부침   92
스케치   100
사멸   103
최후의 여행   107
쉼 없음   115
시든 나뭇잎   117
활동과 안식의 조화   118
3월의 태양   128
노년에 대하여   130
가을비   136
잿빛 겨울날   141
어린 소년   144
계단   146
봄의 언어   150
고단한 저녁   154
노인의 손   157
굴뚝 청소부   159
회상   170
회귀   172
잠언   182
때 이른 가을   183
사라지는 것들에 대한 단상   184

3부 관습의 저편에서 부르는 외침

잘 있거라, 사랑하는 세상아   191
가끔   194
관습의 저편에서 부르는 외침   195
8월 말   209
싹이 움트는 나뭇가지   212
가을 경험   213
벗의 부음을 듣고   232
늦가을 속에서   234
경험의 의미   237
외로움으로 가자   244
노인으로 입문하는 것   246
어느 일본 산골짜기의 부처상   253
중국식 우화   254
높이 추켜올린 손가락   256
첫눈   260
모든 죽음   267
죽음이라는 형제   270
그 옛날 천 년 전에   273
작은 노래   277

엮은이의 말   278
산문의 출처와 발표년도   286

1부
나이 든다는 것의 의미

봄이 오는 길목

다시 윤기가 흐르기 시작한 새순이 작고 투명한 눈물방울을 머금고 있다. 햇살에 눈이 시린 공작은 찬란한 깃털을 펼쳤다가 이내 다시 접으며, 어린아이들은 팽이를 치거나 돌멩이를 던지며 논다.

다시 찾아온 예수님의 수난 주간. 교회 종소리가 마을 가득 울려 퍼지고, 여러 기억들이 아스라이 떠오른다. 알록달록한 부활절 달걀, 겟세마네 동산의 예수, 골고다 언덕의 예수, 마태의 수난, 지난날의 뜨거운 감동, 첫사랑, 처음으로 느껴보았던 사춘기의 우울함….

이끼에 피어난 아네모네가 살짝 인사를 하고, 시냇물가에는 민들레가 진한 빛을 발한다. 외로운 여행객인 나는 수천의 소리로 나를 에워싸고 있는 성장成長의 콘서트와 마음속의 충동과 욕구를 구별하기 어렵다.

모처럼 다시 인파에 파묻힌 도시를 다녀왔다. 기차도 타고, 그림과 조각품들을 보았으며, 오트마르 슈외크Othmar

Schoeck의 멋진 신곡도 들었다. 그런데 이제는 살랑살랑 고개를 흔드는 아네모네 위로 불던 경쾌하고 가녀린 바람이 내 얼굴을 스치고 있다. 그것은 회오리바람처럼 수많은 추억들을 내 마음속에 불러일으키면서, 마치 고통과 덧없음에 대하여 내 의식에게 충고를 하는 것 같다.

길가에 놓여 있는 한낱 돌멩이라도 나보다는 더 강하리라! 숲속의 나무들도 나보다는 더 오래 살리라! 더구나 작은 딸기나무 한 떨기, 연분홍빛을 발하는 아네모네조차 그러하리라.

긴 한숨을 내쉬며 육신의 덧없음을 그 어느 때보다 절실히 깨닫는다. 돌이나 흙, 딸기나무나 나무뿌리로 변해 가는 나 자신을 느낀다. 사라져버린다는 것, 그 사실로 인해 나는 흙과 물과 시든 나뭇잎에 대해 더욱 심한 갈증을 느끼고 만다.

내일, 모레, 머지않아 곧 난 나뭇잎이 되고, 흙이 되고, 뿌리가 될 것이다. 그러면 더 이상 종이 위에 글을 쓰지도 못하게 되고, 화려한 개망초의 향기도 맡지 못할 것이다. 치과 영수증을 호주머니에 넣고 다니지도 않을 것이며, 험상궂은 관리로부터 신분증을 제시해달라는 성가신 요구도 듣지 않게 되겠지.

나는 파란 하늘에 구름이 되어 둥둥 떠다니고, 시냇물의 물살이 되어 흘러가고, 나무에 새순으로 돋아날 것이다. 스스로를 잊은 채, 수천 번 염원해왔던 변신을 하게 되리라.

말言의 세상, 의견의 세상, 인간의 세상, 점점 정도를 더해가는 쾌락과 소름끼치는 두려움의 세상은 나를 수십 번, 수백 번 다시 옭아매고 매혹시키고 가두어두겠지. 피아노 반주에 맞추어 부르는 노래로, 신문으로, 전보로, 부고장으로, 신고서 양식으로, 그런 모든 잡동사니로 무의미한 말잔치(쾌락과 두려움으로 가득 차고 아름다운 선율에 담긴 말의 잔치)를 벌이는 너 세상은 나를 수천 번 황홀경에 몰아넣고 놀라게 하겠지! 그렇지만 그 이상은 내게서 절대로 빼앗아가지 못하리라.

덧없이 지나가는 것에 대한 경건한 마음, 변화지례變化之禮(성체성사에서 빵과 포도주가 그리스도의 몸과 피로 변하는 일—옮긴이)의 수난 음악, 죽음에 대한 마음의 준비,

부활에 대한 의지.

 부활절은 언제나 다시 찾아오고, 구제될지 안 될지에 대한 두려움 역시 늘 다시 찾아올 것이다. 이때 덧없이 지나가는 것에 대한 노래가 나의 길을 동반해주리라. 아무런 슬픔도 없이 모든 것을 허락하고, 모든 것을 각오하고, 모든 것을 희망하는 나의 길을.

엿듣기

너무나 부드러운 소리, 더없이 신선한 미풍이
지나온 회색 날들 속을 스쳐 지나간다.
마치 새가 수줍게 깃털을 흔들듯,
마치 봄의 향기가 그렇게 수줍듯.

삶의 아침 같던 시절의
기억이 되살아났다가
바다 위 은빛 물보라처럼
바르르 떨다가 이내 사라져버린다.

오늘, 어제를 기억하면 아득히 먼 듯한데
오랫동안 망각했던 것들은 더욱 생생하다.
유년이라는 동화 같은 시절의 추억이
열려 있는 정원처럼 저기 내 앞에 있다.

어쩌면 오늘
천년을 쉬고 있던 내 선조가 깨어나
내 핏속에 몸을 데우고,
내 목소리로 말하고 있는 것인지도 모른다.

혹시 문밖에 사자使者가 서서
곧바로 내게 다가설지도 모른다.
혹시 모르지. 날이 저물기 전에
난 집에 있어야지.

여름의 끝

알프스 남쪽 자락인 이곳에서의 여름은 눈부시게 아름다웠다. 벌써 2주일 전부터 나는 여름의 끝에 대한 두려움에 남몰래 떨고 있다. 그것은 모든 아름다운 것에 필연적으로 따라오는 부수적인 것이고, 가장 강력한 여운을 남기는 종말에 대한 두려움이다.

특히 소나기라도 쏟아질 것 같은 낌새가 조금이라도 내비칠 때면 더욱 걱정스러웠다. 8월 중순부터는 소나기가 잠깐만 내려도 며칠 동안 계속해서 비가 내릴 가능성이 높아지고, 그렇게 되면 날씨가 다시 좋아진다고 하더라도 여름은 사실상 끝나버리기 때문이다. 여기 남쪽에서는 화창한 여름날이 그런 소나기로 인해 한풀 꺾이는 것이 거의 규칙처럼 굳어져 있다. 여름은 언제나 몸을 식히고는 서둘러 꼬리를 감추며 사라져버렸다.

수많은 번개, 끝없이 이어지는 천둥소리, 미지근한 빗줄기가 사납게 퍼부어대는 요란한 굉음이 며칠 동안 이어진다. 그러고 난 다음에 문득 눈을 들어 쳐다보면 시뻘겋게 달아오르는 구름 사이로, 가을이 느껴지는 푸른색의 시원하고 부드러운 하늘이 얼굴을 내민다. 들판의 그림자들은 약간 더 선명해지면서 짙어진다.

여름은 마치 어제까지만 해도 건장하고 튼튼해 보이던 오십 대가 질병을 앓거나 고통스러운 일을 겪거나 큰 실망을 하고 나서, 갑자기 얼굴 가득 잔주름이 잡히고 주름살마다 세파에 찌든 흔적이 역력히 나타나는 것처럼, 생기를 잃은 모습을 드러낸다.

그런 여름의 마지막 뇌우는 공포를 자아낸다. 여름의 사투, 사멸에 대한 거친 저항, 고통스러운 분노의 폭발, 몸부림이 격렬하다. 또한 모든 것이 다 헛되고 몇 번 발버둥이 치다 힘없이 주저앉아버려야 한다는 것에 대한 항의가 세차다.

올해는 뜨거운 여름이 그런 요란스럽고 극적인 종말을 고할 것처럼 보이지 않는다(아직은 가능성이 있기는 하지만). 올해는 천천히, 조용하게 사라지고 싶어 하는 것 같다.

그늘이 드리워진 숲속 어느 작은 식당에서 빵과 치즈, 포도주로 소박한 저녁식사를 마치고 올 때면, 혹은 먼 길을 떠났다가 늦은 저녁에 되돌아올 때면, 나는 늦여름의 특별한 아름다움을 마음속 깊이 느낀다. 그것은 그 어디서도 찾아볼 수 없는 지극한 아름다움이다.

이런 저녁이 갖는 독특함은 온기가 분산되는 것, 서늘한 기운과 차가운 서리가 서서히 점점 더 많아지는 것, 그리고 조용하고 아주 완만하게 여름이 사라져버리는 것, 혹은 그러한 소멸에 저항하는 것에서 느낄 수 있다.

해가 진 다음 두세 시간 동안 걷다 보면 수천 자락의 잔잔한 바람결 속에 그런 투쟁이 느껴진다. 그럴 때면 한낮의 더위는 깊은 숲의 수풀 더미 속이나 계곡 속에 서로 엉킨 채 모여 있다가, 움푹 파인 곳이나 바람막이가 될 만한 곳 밑에서 밤새도록 숨어 지내면서 힘겹게 목숨을 부지하며 버틴다.

그 무렵 산의 서쪽 숲은 한밤의 냉기에 에워싸인 채 온기를 품고 있는 거대한 창고가 된다. 그리하여 땅이 파인 곳이나 시내가 흐르는 곳뿐만 아니라 산보객에게도,

그 온기의 차이로 숲의 울창함을 끊임없이 정확하고 선명하게 전달해준다.

마치 스키를 타고 산등성이를 내려오다 보면 봉긋이 솟아오르거나 내려앉은 산의 굴곡들을 몇 번의 연습으로 느낄 수 있는 것처럼, 나도 달 없는 캄캄한 밤이라도 부드러운 온기의 바람결을 통해 주변의 모습을 알아챌 수 있다.

숲속으로 서너 발만 걸어 들어서면 따뜻하게 데워진 오븐에서 나오는 것처럼 더운 기운이 순식간에 몰려온다. 나는 그 온기를 숲이 우거진 정도에 따라 더 많이 느끼기도, 더 적게 느끼기도 한다.

물이 마른 지 이미 오래되었지만, 땅속에 물기를 머금고 있는 시냇물은 사방으로 뻗치는 서늘한 기운으로 그 모습을 드러낸다.

계절에 따라 곳곳의 온도는 다르다. 특히 뜨거운 한여름에서 초가을로 접어드는 요즘은 더욱 그렇다. 벌거벗은 겨울산의 검붉은 모습처럼, 봄의 공기가 자라나는 식물로 인해 물기를 가득 머금은 것처럼, 초여름 밤에 개똥

벌레가 떼 지어 몰려다니는 것처럼, 여름의 끝물에 변화하는 온기를 느끼며 밤길을 산책하는 것은 내 감정과 삶에 대한 정서에 가장 많은 영향을 주는 좋은 경험이다.

어젯밤 숲속 레스토랑에서 집으로 돌아오던 길이었다. 성 아본디오 성당의 공동묘지쯤 오솔길이 끝나는 곳에서 수풀과 호수의 서늘한 한기가 내게로 몰아쳤다. 그러자 포근한 숲의 온기는 뒤로 주춤하더니 아카시아나무, 밤나무, 오리나무 밑으로 수줍게 숨어들었다.

숲은 가을에 여름이 스러져가야 한다는 것에 맹렬히 저항하고 있었다.

사람도 인생의 여름날이 끝나갈 무렵이면 나약해지고 죽어가리라. 뼛속 깊이 파고드는 서늘한 기운, 핏속까지 집요하게 몰려오는 허전함에 저항하게 되리라.

그러고는 새롭게 다져진 진정한 마음으로 삶의 작은 유희와 겉으로 드러나는 수많은 아름다움, 앙증맞은 색의 현란함, 빠르게 지나가는 구름의 그림자에 몸을 내맡긴 채 미소 지을 것이다. 그리고 과거를 꼭 끌어안고 불안해하면서 죽음을 바라보다가 서서히 그 안에서 두려움과 위안을 건져 올려, 죽어갈 수 있는 예술을 배울 것이다.

여기에 젊은이와 늙은이의 경계가 있다. 어떤 사람들은 사십 대나 그보다 더 일찍 그것을 경험한다. 어떤 사람들은 오십 대나 육십 대가 되어서야 비로소 그것을 느끼곤 한다. 그렇지만 내용은 언제나 똑같다.

즉, 삶의 예술 대신 그것과는 다른 예술에 흥미를 느끼게 된다. 인성을 길들이고 교육하는 것 대신 이제는 무너뜨리고 풀어주는 것으로 분주히 움직인다. 어느 날 문득 늙었다는 것을 느끼며, 젊은이의 사고나 흥미나 정서를 낯설어하게 된다.

그렇게 한 여름이 작렬하다가 사라져버리는 것과 같이 과도기로 넘어가는 시기는 우리를 경이로움과 놀라움으로 가슴 벅차게 하고, 전율하게 하며, 미소를 짓게 만든다. 마치 마음을 움직이고 감동을 주는 잔잔한 연극처럼 말이다.

어제의 푸른 수풀은 더 이상 보이지 않는다. 과수원의 잎들은 누렇게 변해가며, 배나무는 진홍색으로 물들어간다. 해질 무렵 산의 노을은 보랏빛을 띠고, 하늘은 가을로 접어들어감을 알리는 에메랄드빛으로 짙어간다.

이제 어떻게 되는 건가? 그것은 동굴 속에서 저녁 시간을 보내는 것, 아그노의 호수에서 오후에 수영을 하는 것, 집밖에 나와 앉아 있거나 밤나무 밑에서 그림을 그리는 것, 그런 모든 것이 다시 끝났음을 의미한다.

지금 사랑하고 있는 사람, 사랑하는 사람이 있는 사람, 의미 있는 일을 하고 있는 사람, 어떤 형태로든지 돌아갈 수 있는 고향이 있는 사람에게는 좋은 시절이 되리라! 그런 것이 없는 사람은, 그런 환상이 깨진 사람은 날씨가 차츰 서늘해지기 시작하면 서둘러 침대 속으로 들어가거나 도망치듯 여행을 떠날 것이다.

여행객들은 이곳저곳에서 고향이 있는 사람이나 다른 사람들과 어울려 살아가는 사람, 자신의 직업과 할 일에 믿음이 있는 사람들을 묵묵히 지켜보리라. 그들이 어떻게 일을 하고 있는지, 어떻게 노력을 다하는지, 어떤 수고를 하고 있는지 보리라. 그리고 그들이 다가올 전쟁의 기운과 이다음의 재난과 파멸을 보지 않고, 철저한 믿음으로 전력을 다해 질주하는 것을 지켜보리라.

다만 한가한 사람과 믿음이 깊지 않은 사람과 많은 실망을 한 사람들(잃어버린 낙관주의 대신에 쓸쓸한 진실을 위해 노년에 대한 작고 연약한 사랑을 가슴속에 품고 사는 나이 든 사람들)에게만큼은 그런 것들이 다 보이게 되리라.

우리 나이 든 사람들은 낙천주의자의 펄럭이는 깃발 아래 날마다 세상이 점점 더 완벽해져가는 것, 모든 나라들이 엄청나게 변해가는 것, 아무런 부족함이 없어지는 것, 폭력과 공격이 점점 더 정당하다고 느껴지는 것, 예술과 스포츠와 학문에 새로운 유행과 새로운 스타가 떠올라 널리 이름을 떨치고 신문에 최상급이 남발되는 것, 모든 것이 생기와 온기와 열정과 강한 삶의 의지와 죽고 싶지 않은 생각에 도취되어 있는 것이 만연해 있는 모습을 가만히 관망할 뿐이다.

테신(스위스와 이탈리아 국경 지역의 휴양지 ― 옮긴이)의 여름 숲속 따뜻한 열기의 물결처럼 뜨겁게 파랑이 인다. 아무런 내용도 없지만 영원한 움직임, 죽음에 대한 영원한 항거로 삶이라는 이름의 연극은 영원하고 맹렬하다.

겨울이 오기 전, 좋은 것들이 아직 몇 가지 남아 있다. 푸른 포도 알은 포동포동 살이 올라 더욱 달콤해진다. 젊은 청년들은 곡식을 거두며 노래를 부른다. 알록달록한 두건을 둘러쓴 처자들은 시들어가는 포도나무 잎 속에 피어난 들꽃처럼 아름답다. 아직 많은 좋은 것들이 우리 앞에 서 있다.

오늘 우리에게 쓸쓸해 보이는 것도 우리가 죽음의 예술을 더 잘 배울 수 있다면, 언젠가는 달콤한 것이 될 수 있으리라. 아직은 포도 알이 익고 알밤이 저절로 떨어질 때까지 기다리자. 다음 보름달이 떠오르는 모습을 볼 수 있게 되기를 희망하자.

물론 우리는 점점 더 나이 들어가겠지만 죽음이 아직은 멀찌감치 떨어져 있음을 보도록 하자. 어느 시인이 읊조렸던 것처럼.

따뜻한 벽난로 앞에서
맛 좋은 붉은 포도주를 마시며
노년의 좋은 시간들을 보내다가

마지막으로 평온한 죽음을 맞이한다면—
그러나 나중에, 아직 오늘은 아니다!

나이 든다는 것 · 1

하찮은 모든 것들도 젊음은 소중하다.
나도 그런 젊음을 존중한다.
곱슬머리, 넥타이, 헬멧, 검(劍),
물론 아가씨도 빼놓을 수 없다.

왜 이제야 모든 것이 제대로 보일까.
나이만 많은 소년인 내가
그런 모든 것을 더 이상 갖고 있지 않다는 것이.
그러나 이제야 뚜렷이 볼 수 있다.
그런 노력이 현명했었다는 것을.

머리띠와 곱슬머리는
곧 모두 사라져버리고,
내가 얻은 것들,
지혜, 덕망, 따뜻한 양말,

그 모든 것들도 다 사라져버린다.
그리고 땅은 차가워지리라.

따뜻한 벽난로 앞에서
맛 좋은 붉은 포도주를 마시며
노년의 좋은 시간들을 보내다가
마지막으로 평온한 죽음을 맞이한다면―
그러나 나중에, 아직 오늘은 아니다!

*

 '젊음'은 우리 안에 아이의 순수함이 남아 있음을 의미한다. 그것이 많을수록 우리는 냉철한 의식으로 살아가는 삶에서도 더욱 풍요로울 수 있다.

*

 어렸을 때는 한 번 생일을 맞이하면, 다음 번 생일이 될 때까지 얼마나 오랫동안 기다려야 했던가? 나이가 들수록 그 시간이 점점 빨라진다.

*

 나이가 들면 해^{年}는 엄청난 속도로 빨리 흐르지만 날^{日}이나 시간은 아주 천천히 지나가는 것 같은 모순을 자주 느낀다.

*

 세상의 흐름과 함께하지 않을 때 사람은 빨리 늙는다.

*

늙어가면서 사람들은 봄을 점점 두려워하는 반면 가을을 더 좋아한다.

*

"외로움에 몰두하는 사람은 결국 혼자가 된다"(괴테). 나이 든다는 것은 괴테가 외로움에 대해 말한 것과 같다. 사람이 늙는 것에 신경을 온통 집중하면 금방 늙는다. 저녁마다 회색 유령이 침대 가로 와서 서 있다. 그러나 나는 앞으로 몇 번의 도전을 더 하고, 몇 번의 불꽃을 더 피우겠다.

*

다시 어린이가 되어가기 시작한 할머니, 할아버지들은 자기 자신에 대해 진지하게 생각하지 않는다. 마찬가지로 노인들은 젊은이들을 별로 심각하게 생각하지 않는다. 물론 열정은 아름다운 것이고, 젊은이들은 대단하다. 하지만 나이 많은 사람들에게는 해학이 필요하다. 그것은 약간의 미소를 짓게 만들고, 심각하지 않고, 세상의 변화를 하나의 그림 속에 담게 한다. 또한 그런 해학은 흘러가는 저녁노을을 바라보는 것처럼 사물을 관찰하게 한다.

늦여름

아직은 날마다 듬뿍 안겨오는 늦여름의
달콤한 온기. 산형散形의 꽃차례 위에
고단한 날갯짓으로 여기저기
나비가 출렁이고 진노란색이 번뜩이네.

저녁과 아침 공기는
아직은 열기를 머금은 옅은 안개로 촉촉하고
문득 윤기 흐르는 뽕나무의 누런 잎이
연한 푸른 하늘로 펄럭이고

도마뱀은 햇빛 내리는 돌멩이 위를 쏜살같이 달려가고
포도나무 그늘에는 포도 알이 몸을 숨기고
세상은 마술에 걸린 듯, 잠나라로 꿈나라로
멀리 떠나버린 듯, 제발 깨우지 말아달라고 애원하네.
그렇게 해서 가끔은 긴 리듬이 여운을 남기고

성숙되고, 깨어 있는 현실로 되돌아오며
분연히 일어설 때까지
황금빛 영원으로 굳어 있네.

노인들은 격자 모양의 울타리 곁에서 곡식을 거두며
갈색으로 그을린 손으로 몸을 따뜻이 데우네.
아직은 날이 화창하고, 아직은 해가 지지 않았네.
아직은 오늘 그리고 여기가 우리를 붙들고 감싸주네.

지나간 시간에 대해

 내가 살던 고향에는 나이가 많고 아주 훌륭한 고등학교 선생님이 한 분 살고 있다. 그는 해마다 내게 편지를 한 통씩 보낸다. 정원이 딸린 외딴집에서 조용히 살고 있는 그는 시내에서 누군가 죽어 장례를 치르면 대개 그가 전에 가르친 제자라고 한다. 그분이 최근에도 내게 편지를 보내왔다. 나는 그와 생각이 완전히 다르고, 그에게 보낸 회신에서 반박하는 글을 적어 보내기도 했다. 하지만 과거와 새로운 시대에 대한 고찰에 의미가 있다고 생각해 그의 서신 중 일부를 이 자리에 소개해본다.

 요즘 세상은 내가 젊었을 때 생각하고 믿었던 세상과 비교하면, 세대 간에 흔히 있을 수 있는 차이를 훨씬 더 크게 뛰어넘는 격차가 있는 것처럼 보입니다. 물론 과연 실제로 그런지 나로서는 알 수 없지요. 역사책을 보면 늙어가는 사람들이 흔히 하는 착각으로 보이더군요. 어느 시대든 '발전'이라는 이름의 강은 아들 세대가 아버지 세대를 뛰어넘고, 더 이상 이해할 수 없는 모습으로 꾸준히 흘러갔기 때문입니다.

그런데도 나는 내 느낌을 지울 수 없어요. 적어도 우리 국민, 우리나라는 지난 몇 십 년간 모든 것이 엄청난 변화를 겪었습니다. 마치 우리가 사는 이 시대의 시간이 과거에 비해 더 빠르게 흘러가고 있는 것처럼 느껴집니다. 그런 엄청난 속도로 흐르는 시간보다 더 심각하다고 생각되는 게 무엇인지 고백해볼까요?

그것은 간단히 말하자면 고결함과 경외심이 줄어드는 것을 사방에서 느끼는 겁니다. 나는 지난 과거를 칭송하고 싶은 생각은 추호도 없어요. 어느 시대든 말만 앞세우는 사람은 수천 명이고, 생각하는 사람은 단 한 명뿐이었지요. 또 영혼이 없는 사람들이 수천이라면, 경건한 사람은 단 한 명입니다. 수천 명의 속물에 비해 자유의지를 갖고 있는 사람 역시 단 한 명이고요. 좋은 사람, 쓸모 있는 사람들은 소수에 불과하다는 것을 알고 있습니다. 사실 각각의 것들을 살펴보면 과거가 오늘날보다 더 낫지는 않앉죠.

그러나 전체적으로 보면, 수십 년 전만 해도 우리가 사는 일상에서 예의와 겸손이 오늘날보다는 더 흔했던 것 같습니다. 요즘 세상에는 많은 것들이 과장되어 있고, 극도의 이기심으로 행해지고 있어요. 세상은 황금시대의 문턱에 와 있음을 확신에 찬 어조로 주장하지만, 어느 누구도 행복해 보이지 않지요.

사방에서 학문, 문화, 아름다움, 개성에 대한 글과 강연이 넘쳐납니다. 하지만 그 모든 귀중한 것들이 침묵과 인내 속에서만 성장할 수 있다는 것은 까맣게 잊힌 것 같습니다. 모든 학문과 자각이 눈 깜짝할 사이에 열매를 맺고 두드러지는 성공을 보여주려는 의욕으로 서두릅니다.

자연법칙의 깨달음, 정녕 숭고하고 경건하게 발현되는 그것이 현실 세계에서 조급함에 휘말리게 됩니다. 마치 성장의 법칙을 알게 되면 나무를 더 빨리 자라게 할 수 있을 것처럼 착각하는 거지요. 그러다 보니 뿌리를 들쑤시고, 실험하고, 연마하는 행동들에 대해 나는 의심의 눈초리를 거둬들일 수 없습니다. 이제는 사람들이 말하지 않는 것을 가르치는 스승도 없고, 그런 것을 노래하는 시인도 없습니다. 모든 것이 말로 표현되고 노출되고 조명을 받지요.

모든 연구가 새로운 지식이 되려고 합니다. 연구자는 자신의 연구를 채 끝마치기도 전에 획기적인 것을 발견한 것처럼 인식합니다. 그렇게 해서 많은 사람들의 관심을 받고, 신문에 대문짝만하게 기사가 실리게 되지요. 해부학자와 동물학자가 뭔가 새롭게 알아내면 그것이 인문학 분야에까지 충격을 주게 됩니다. 특수통계학이 철학에 영향을 주고, 극히 미세한 발견이 신학자에게 영향을 주기도 합니다. 동시에 그것에 관해 소설을 쓰는 작가도 나오지요. 우리 삶의 뿌리에 관한 예의 그 성스러운 질문들은 과학과 예술의 유행에 접촉하고, 영향을 주는 뜨거운 관심사가 됩니다. 침묵은 아예 사라진 것처럼 보입니다. 인내심도 없고, 어른과 아이 사이에 차이도 더 이상 없는 것 같습니다.

눈에 보이는 일상생활 역시 마찬가지입니다. 삶의 규칙, 건강에 좋은 지식, 주택이나 가구의 형태, 오랜 역사를 지니며 일정한 안정성을 구축해왔던 오랜 관습들이 유행하는 옷처럼 빠르게 바뀝니다. 해마다 누군가 가장 높은 곳에 오르고, 결정적인 것을 해낸 것처럼 보이죠. 각 가정의 삶은 안과 밖, 내면과 보여주는 외형 사이에 큰 틈이 생겨버립니다. 그러다 보니 상상력의 극심한 결핍으로 관습과 삶의 예술이 몰락하게 되지요.

내게는 이런 현상이 이 시대의 질병처럼 보입니다. 상상력은 만족, 해학, 삶의 예술을 잉태하는 어머니입니다. 상상력은 인간과 물리적 환경 간의 내적인 화합의 바탕에서만 성장합니다. 그런 환경은 굳이 예쁘거나 진기하거나 자극적일 필요가 없어요. 우리에게는 상상력과 함께 성장하는 데 필요한 시간만 있으면 되지요.

그런데 그것이 요즘 시대에는 턱없이 부족합니다. 너무 자주 새 옷으로 갈아입는 사람, 새로운 모습을 보여줘야 하는 사람은 상상력을 잃어버리게 됩니다. 그는 낡은 모자나 오랫동안 입은 승마바지와 낡은 구두가 생동감을 유발하고, 사랑스럽고, 다정하고, 재미있고, 많은 추억을 품고 있다는 것을 알아채지 못합니다. 낡은 탁자와 의자, 눈에 익고 정이 깊게 든 서랍장, 벽난로 가리개나 구두받침대도 마찬가지입니다. 더 나아가 어렸을 때부터 사용하고 있는 오래된 찻잔, 할아버지가 사용하던 옷장, 낡은 시계까지도!

물론 사람이 늘 같은 장소, 같은 공간, 같은 사물들과 함께 살 필요는 없지요. 평생 여행을 다니고 떠돌이 생활을 하는 사람도 상상력이 풍부해질 수 있어요. 하지만 그런 사람도 자기 자신과 분리할 수 없는 반지나 손목시계, 낡은 칼이나 지갑처럼 진심으로 사랑하는 물건들을 분명 갖고 다닐 겁니다.

본론에서 좀 벗어났군요. 내가 하고 싶은 말은 오늘날 변화에 대한 열광이 오히려 사람들을 가난하게 만들고 영혼의 힘에 상처를 입힌다는 겁니다. 그런 열광은 세계관에서부터 가재도구에 이르기까지 안정된 지속에 대해 거부감을 갖게 하지요. 어린아이들에게 너무 많은 장난감과 그림책으로 자극을 주어, 그들이 사물을 직접 체험하고 무엇인가 만들고 노래하는 것을 어렵게 만들었지요. 그리고 어른에게는 오랫동안 공을 들여 열심히 노력해야 얻을 수 있는 것을 손쉽게 얻을 수 있게 하여, 믿음이나 내면의 애착을 갖는 것을 힘들어하게 만들었습니다.

그러다 보니 누구나 모든 것을 조금씩은 알아야 된다고 생각하게 되었지요. 이제 사람들은 많은 노력을 기울이거나 열심히 공부하지 않습니다. 쉽게 신앙인에서 무신론자로, 다윈으로, 부처로, 니체로, 헤켈(독일의 생물학자-옮긴이)로 넘나들게 되었습니다. 깊게 공부하지 않고 뭔가에 대해 지식을 갖는 게 전혀 어렵지 않게 되었기 때문이지요.

물론 그렇다고 인류가 멸망하지는 않습니다. 늘 그래왔듯이 요즘도 내적으로 충실한 사람은 모든 편의와 성공을 포기하지요. 그러나 그렇게 하는 것이 이제는 그들에게 더 힘든 일이 되었습니다. 그리고 대체로 일반 가정에서 일상적인 생활을 하면서 갖는 교류의 횟수가 더 줄어들었습니다. 전에는 한 가정의 아버지가 장난을 치거나 피리를 불거나 캘리그라피를 연습하고 그랬죠. 또 시계를 분해해 부속품을 다 끄집어냈다가 다시 조립하고, 종이나 골판지를 풀로 붙여 뭔가 만드는 짓을 하기도 했고요. 모두 장난삼아 별 의미 없이 하는 일이었지요. 그런 것들은 유해하지 않았고, 모두에게 만족을 줄 수 있는 일이었어요. 천재와 노력파들에게 영원히 해결되지 않는 '결함'이 불가피하고 유익한 거라면, 보통 평범한 많은 다수들이 느끼는 '만족'도 그에 못지않게 불가피하고 유익합니다. 전체가 균형을 유지하려면 그렇다는 말입니다.

예전에는 가정이나 큰 단체의 일원들에게 은밀한 추억의 공통분모가 있었습니다. 그것은 비밀스러운 완력으로 밀어낸 외부세계의 사소한 것에 의존하고, 귀중한 안락감을 갖게 했지요. 그때는 그러한 사소한 것들에 대한 인식이 있었습니다. 이성적인 인간을 위험에 빠뜨릴 수도 있지만, 상상력이 풍부한 인간에게는 내면 결속의 원천이 되고, 농담과 유쾌한 기분의 보고가 되는 것들. 그렇게 작고 특별한 것이 있었기 때문에, 그리고 그런 것에 대한 흥미와 관심이 있었기 때문에 이른바 독창적인 것들이 아주 많았지요. 또 그런 것들을 서로 연습했기에, 유쾌하고 생동감 넘치는 활발한 소통과 대화가 가능했습니다.

물론 오늘날에도 올바른 가정은 그들만의 목소리, 비밀, 애칭, 비밀스러운 언어를 갖고 있고, 그것은 앞으로도 존재할 겁니다. 그러나 가족을 넘어 오늘날의 사회에는 그런 색깔과 정서가 부족합니다. 그렇게 안락함이 결여된 공허함은 아무리 많은 돈을 옷이나 음식에 지불해도 대신해서 채워지지 않지요.

노교사는 편지에 이렇게 적었다. 앞에서 밝혔듯이 내 생각이 그의 생각과 완전히 일치하지는 않는다. 그렇지만 어느 정도 일리 있는 면도 있다고 생각한다.

때때로

까마득한 유년기가
문득 머릿속을 꽉 채우면
그것은 오래된 전설처럼,
시인의 노래처럼 세상을 밝게 비춘다.

그럼 난 가만히 눈을 내리깔고,
밝고 맑았던 그 시절을 생각하며
중죄를 짓고 후회하는 사람처럼
되돌아보면서 가슴 아파한다.

요양원에서

 기차가 역에 도착하자마자 기차의 층계를 약간 힘겹게 밟고 내려섰다. 바덴(스위스의 대표적인 온천 휴양지—옮긴이)의 마술을 금방 느낄 수 있었다. 촉촉이 젖어 있는 승강구의 시멘트 위에 서서 호텔에서 나온 짐꾼을 둘러보고 있을 때, 같은 기차를 타고 온 서너 명의 승객이 내리는 것이 보였다.

 엉거주춤한 태도, 서툰 몸짓, 어찌할 바를 몰라하면서 울 것 같은 표정으로 조심스럽게 움직이는 것으로 보아, 분명히 좌골 신경통이 있는 사람들이었다.

 그 사람들 모두 나름대로 받은 고통이 다르고, 그렇기 때문에 각자 걷는 모습, 머뭇거리는 태도, 지팡이를 잡는 방법, 절룩거리는 모양에 각자 독특한 개성이 있었다. 하지만 그들에게는 공통점이 더 많았다.

 나는 그들을 보자마자 첫눈에 나와 같이 좌골 신경통을 앓고 있는 형제이며 동지라는 것을 알아챌 수 있었다.

단 한 번이라도 좌골 신경 계통과 관련이 있었던 사람이라면 안다. 단지 책을 통해서가 아니라, 의사들이 말하는 이른바 '주관적인 체험'으로 직접 경험을 한 사람이라면 단박에 그것을 알아볼 수 있다.

나는 걸음을 멈추고 서서 그렇게 증상이 확연히 드러나는 사람들을 눈여겨 쳐다보았다. 그런데 그 서너 명이 모두 나보다 더 고통스러운 얼굴을 하고 있는 것이 아닌가? 나보다 더 세게 지팡이를 움켜잡았고, 더 힘겹게 다리를 들어올렸다. 더 겁먹은 태도로, 더 불안하게 발바닥을 땅에 내려놓고 있었다. 나보다 더 심한 고통을 받고 있는 듯, 나보다 더 불쌍한 처지에 놓여 있는 듯, 병세가 더 심한 듯, 고통이 더 많은 듯한 모습이었다. 그것은 내 마음을 편안하게 해주었다.

바덴에서 요양을 하는 동안에도 그 모습은 수시로 기억 속에 떠올랐고, 내게 한없는 위안을 안겨주었다. 나보다 질병에 더 심하게 시달리면서 다리를 절룩이거나 질질 끌고, 한숨을 쉬고, 휠체어를 타고 있는 주변 사람들…. 그들은 좋은 기분과 희망을 지닐 이유를 나보다 훨씬 더 적게 갖고 있는 것이 아닌가. 그때 나는 요양지의 위력적인 비밀과 마술(다른 사람들도 질병이 있다는 것)을 첫눈에 깨달으면서 진정한 기쁨을 맛볼 수 있었다.

나는 역을 빠져 나와 계곡으로 흘러 들어가는 온천을 마주하며 편안한 마음으로 걸어갔다. 발걸음을 옮길 때마다 소중한 경험을 더 많이 할 수 있었다.

요양을 하러 온 사람들의 모습이 사방에서 보였는데, 모두들 피곤에 지쳐 있거나, 초록색 벤치 위에 구부정하게 앉아 있거나, 삼삼오오 말을 나누면서 절름거리며 걷고 있었다. 그리고 미소를 지은 채 가녀린 한 손에 시든 꽃 한 송이를 들고 휠체어를 탄 여인을, 얼굴이 화사한 간호사가 힘차고 자신만만하게 밀어주고 있는 것도 보였다.

류머티즘에 걸린 사람들에게 관광 엽서, 재떨이, 문진文鎭 들을 판매하는 가게에서 연로한 한 노인이 나오는 모습도 보였다(무슨 이유로 요양객들이 그런 것들을 그렇게나 많이 필요로 하는지는 아직도 모르겠지만). 가게에서 나온 그 노인은 계단을 한 칸씩 오를 때마다 한참을 멈추어

섰다. 눈앞에 보이는 길이 마치 자신에게 주어진 커다란 임무라고 생각하는 것 같았다. 그는 피곤에 지치고, 자신감이 없어진 사람처럼 망연히 앞을 쳐다보고 서 있었다.

그리고 밤송이머리 위로 국방색 군인 모자를 쓰고 있는 젊은 사내가 보였다. 그는 목발 두 개를 짚고, 기운차지만 그래도 조금은 힘겨운 모습으로 앞으로 걸어갔다.

가는 곳마다 눈에 띄는 목발들. 아래쪽이 고무로 꽉 끼워져 있어, 거머리나 흡반처럼 아스팔트에 쩍쩍 달라붙는 흉측스럽게 생긴 그 목발들!

물론 나도 지팡이를 갖고 다닌다. 멋지게 생긴 말라카산藤 등나무 지팡이인데 부득이한 경우에는 그것 없이 발걸음을 옮기기도 하지만 그렇게 고무 패킹이 달려 있는 처량한 지팡이를 쥐고 걸어가는 모습을 일찍이 그 누구에게 보인 적은 아직 없었다! 결단코 그런 일은 없었다. 길을 활기차게 걸어 내려오는 것, 말라카 지팡이를 가볍게 흔들면서 의지하는 것, 그것을 하나의 장신구로서, 하나의 장식품으로서 쓰고 있는 것, 허벅지에 미미한 좌골신경통의 흔적만 내보이는 것. 그런 내 모습에 사람들이 모두 눈길을 줄 것만 같았다.

어쨌든 장애가 너무나 여실히 드러나 도저히 감출 수 없을 정도로 참담한 모습을 내보이는 사람들(나보다 나이가 더 많고, 처지가 더 불쌍하고, 병이 더 깊은 형제와 누이 같은 그런 사람들)과 비교해볼 때, 나 자신은 얼마나 젊고 건강한가!

주위의 시선을 느끼면서 한발 한발 힘 있게 걸음을 옮겨놓자, 어느새 몸이 가뿐해진 것 같았다. 내가 그런 딱한 사람들보다 가늠하기 어려울 만큼 훨씬 덜 아프다는 생각이 들었다. 저렇게 반신불수가 된 사람들이나 다리를 절룩이는 사람들이 치유에 대한 희망을 갖고 있다면, 고무가 끼워진 목발을 짚고 있는 그들에게 온천욕이 도움이 된다면, 내가 갖고 있는 이 사소한 불편쯤이야 봄눈 녹듯 사라져버릴 것이다. 그리고 주치의는 기적의 치유가 이뤄진 감격적인 현상의 좋은 본보기를 나를 통해 발견하게 되리라.

그렇게 나는 첫날의 흥분된 기쁨을 마음껏 느끼면서, 순진한 생각들을 편안한 마음으로 방자하게 이어나갔다.

나와 함께 요양을 하러 온 다른 사람들, 병을 앓고 있는 내 형제와 같은 그 사람들에게 자꾸 눈길이 쏠렸다. 그들의 목발을 보면 왠지 어깨가 으쓱해지고, 휠체어를 보면 천만다행이라는 생각에 연민의 정을 느꼈다.

나는 기차역에 막 도착한 사람들을 따라 성큼성큼 걸어갔다. 길은 약간 굴곡이 있고 완만한 경사를 이루면서 유서 깊은 온천 쪽으로 내려가다가 아래쪽에 있는 강물 어귀의 온천 호텔 출입구로 사라져버렸다. 나는 좋은 예감과 유쾌한 희망을 간직한 채, 미리 생각해두었던 하일리겐호프 숙소로 다가갔다.

3주 내지 4주 동안 이곳에 머물면서 날마다 목욕을 할 것이다. 그리고 가능한 산책을 많이 하고, 일체의 흥분이나 근심은 가급적 멀리할 것이다. 그간의 바쁜 생활과는 정반대라서, 일상이 지루하지 않을 수 없을 테고 생활이 단조롭게 느껴질 수도 있을 것이다. 그렇지만 전혀 새로운 삶이 약간은 밋밋하고 맥 빠진 것처럼 보일 수도 있지만, 분명히 유쾌하고 흥미로운 경험도 하게 되리라. 그동안 한적한 시골에서 평화로운 초야에 파묻혀 사색에 골몰하며 외롭게 지내온 내게, 다시 사람들과 함께 어울리는 것이 절대적으로 필요하지 않은가.

그리고 중요한 것은 나의 모든 걸림돌을 극복할 요양의 첫날을 잘 맞이했다는 점이다. 나는 호텔을 떠날 때쯤이면 더 젊어질 것이고, 무릎과 둔부를 탄력적으로 움직일 정도로 완쾌될 것이다. 그리하여 온천과도 작별을 하고, 방금 걸어 내려온 이 길, 역으로 향하는 예쁜 길을 다시 신나게 걸어갈 그날이 찾아오리라.

가르침

많든 적든, 사랑하는 아이야,
사람들이 하는 말에는 모두 거짓이 들어 있지.
강보에 싸여 있을 때 우리는 그나마
제일 솔직하고, 그다음에는 무덤 속에서나 그렇게 되지.

그때 우리는 아버지 곁에 누워
마침내 지혜롭고, 뚜렷하게 깨닫게 되겠지.
허연 뼈마디를 들썩이며 우리는 진실을 말할 테고,
또 사람들은 거짓을 말하며 오래도록 살아가겠지.

뱃사공

-소설《싯다르타》중에서

그가 나루터에 다다랐을 때 마침 떠날 준비를 마친 배가 보였다. 그리고 젊은 시절 그가 수도승이었을 때 강을 건네주었던 바로 그 뱃사공이 배 안에 서 있는 게 보였다. 싯다르타는 뱃사공이 그 사이 많이 늙었지만 단박에 알아보았다.

"나를 좀 건네주겠소?" 싯다르타가 물었다.

뱃사공은 신분이 높아 보이는 사람이 혼자 맨발로 걸어온 것을 보고 깜짝 놀라며 그를 나룻배에 태우고 노를 저었다.

"아주 멋진 직업이오. 날마다 이렇게 물가에 살면서 강을 건너니 참으로 아름다운 인생이오." 배를 타고 가면서 싯다르타가 말했다.

뱃사공이 미소 띤 얼굴로 말했다. "나리, 아름답지요, 나리가 말씀하신 그대로입니다. 하지만 세상에 어떤 인생이든 어떤 직업이든, 아름답지 않은 것이 있습니까?"

"그럴지도 모르지. 그렇지만 나는 당신이, 당신이 하는 일이 무척 부럽소."

"에이, 시간이 조금만 지나면 그런 생각은 하지 않으실 겁니다. 이런 일은 나리처럼 귀한 의복을 입고 다니시는 분께는 어울리지 않지요."

싯다르타가 큰 소리를 내며 웃었다. "이 의복 때문에 오늘 이미 많은 사람들의 주목과 의심어린 눈초리를 받았소이다. 뱃사공 양반, 나한테는 거추장스럽기 짝이 없는 이 옷을 대신 받아주지 않겠소? 내게 뱃삯을 지불할 돈이 없어서 하는 말이오."

"나리, 농담도 잘하십니다." 뱃사공이 말했다.

"농담이 아니오. 이보시오, 뱃사공 양반, 전에도 당신이 돈 한 푼 받지 않고 나를 이 배에 태워 강을 건너게 해준 적이 있었소. 오늘도 그렇게 해주고, 대신 내 옷을 받아주시오."

"그럼 나리는 옷도 없이 여행을 계속하실 참인가요?"

"솔직히 말하면 나는 여행을 계속하고 싶지 않소. 뱃사공이 될 수만 있다면 나는 더 이상 바랄 것이 아무것도 없소이다. 당신이 나한테 몸을 가릴 낡은 천 조각을 하나 내주고, 배를 다루는 법을 배울 수 있도록 조수로 일하게 해준다면 소원이 없겠소."

뱃사공이 낯선 외지인의 심중을 탐색하는 눈초리로 오랫동안 바라보았다.

"아, 이제야 알아보겠네요." 뱃사공이 마침내 말했다. "언젠가 나리가 제 오두막에서 하룻밤 묵고 간 적이 있었네요. 오래전, 벌써 이십 년은 더 지난 일이었을지도 모르겠네요. 그때 제가 나리를 강 건너까지 태워주었지요. 마지막에 우리는 오랜 친구처럼 작별인사를 했고요. 그때 수도승이 아니었나요? 이름은 안타깝게도 더 이상 생각나지 않네요."

"내 이름은 싯다르타요. 그리고 당신이 나를 마지막으로 보았을 때는 수도승이었소."

"반갑습니다, 싯다르타. 전 바수데바라고 합니다. 오늘도 누추한 우리 집으로 가서 하룻밤 묵으면서, 어디에서 오는 중이고, 왜 그 귀한 의복을 거추장스럽다고 생각하는지 이야기를 들려주세요."

그들은 강의 한가운데 다다랐고, 바수데바는 소용돌이에 휘말리지 않기 위해 부지런히 노를 저었다. 그는 시선을 뱃머리에 고정한 채 침착한 태도로 열심히 노를 저었다. 싯다르타는 가만히 앉아 그의 모습을 바라보며 수도승 시절의 말년에 한 번 본 적 있는 그 모습을 기억 속에서 더듬었다. 그 무렵 그 사람에 대한 사랑의 감정이 얼마나 그의 가슴을 두근거리게 했던가? 싯다르타는 바수데바가 청한 것을 고마운 마음으로 받아들였다. 배가 강가에 다다랐을 때 싯다르타는 배를 말뚝에 묶어놓는 바수데바를 도와주었다. 바수데바는 자신의 오두막으로 그를 안내해 빵과 물을 주었고, 싯다르타는 기쁘게 받아먹었다. 그리고 바수데바가 준 망고까지 기분 좋게 먹었다.

그런 다음 그들은 해가 질 무렵 강가의 나무 그루터기에 나란히 걸터앉았다. 싯다르타는 뱃사공에게 자신이 살아온 내력과 오늘 느꼈던 절망의 순간에 눈앞에 보였던 자신의 인생에 대해 이야기를 하기 시작했다. 그의 이야기는 밤이 이슥하도록 이어졌다.

바수데바는 매우 집중하며 경청했다. 그는 싯다르타가

들려주는 모든 이야기, 출생, 유년기, 배움, 구도, 기쁨, 곤경을 주의 깊게 귀담아 들었다. 경청은 뱃사공들이 갖고 있는 성품 가운데 가장 훌륭한 태도다. 몇몇 사공들처럼 그도 남의 말을 잘 듣는다. 말을 거의 한 마디도 하지 않은 채 듣는 모습을 보며 싯다르타는 바수데바가 그가 하는 말을 온전히 자기 안에 받아들이고 있음을 느꼈다. 그는 조용히 마음을 열고 기다리면서, 그 어떤 것도 놓치지 않았다. 또한 조바심을 내지 않은 채 칭찬이나 비난을 가하지 않으면서 단지 듣기만 했다. 그렇게 열심히 들어주는 사람을 만나 자신이 살아온 내력을 다 털어놓고, 자기가 찾고자 하는 것과 고통을 말할 수 있는 것이 큰 행운으로 여겨졌다.

싯다르타는 이야기를 마무리할 즈음, 강가에 있던 어떤 나무에 대한 이야기를 했다. 그러면서 강물에 뛰어들려고 했던 것, 신성한 강 옴^{Om}, 잠깐 졸다 깨어나 그 강에 대해 느꼈던 압도적인 사랑의 느낌에 대해 이야기했다. 뱃사공은 더 큰 관심을 나타내면서 완전히 몰입해 눈을 감은 채 이야기를 경청했다.

하지만 싯다르타가 더 이상 말을 하지 않고, 침묵이 오랫동안 이어지자 바수데바가 말했다. "제가 생각했던 대로였네요. 그 강이 나리한테 말을 건 겁니다. 나리에게도 벗이 된 그 강이 무슨 이야기를 하고 있었네요. 그것은 좋은, 아주 좋은 징조입니다. 나의 벗, 싯다르타, 여기에서 좀 더 지내시지요. 오래전에는 저한테도 아내가 있었어요. 아내는 늘 제 옆에 누워 잠을 잤지요. 하지만 이미 오래전에 죽었고, 그 후 오랫동안 혼자 살고 있지요. 두 사람이 머물 잠자리와 음식이 충분하니 여기서 함께 같이 사시지요."

"고맙습니다." 싯다르타가 말했다. "진심으로 고맙게 그 제안을 받아들이겠습니다. 바수데바, 내 말을 경청해 준 것에 대해서도 고맙습니다. 경청을 이해할 수 있는 사람을 만나기는 드물고, 당신처럼 그것을 잘 이해하는 사람은 아직 한 번도 만나본 적이 없습니다. 그것도 당신에게서 배우겠습니다."

"앞으로 배우게 될 겁니다." 바수데바가 말했다. "그것을 저한테서 배우는 게 아닙니다. 저도 강에게 그것을 배웠지요. 강이 벗님에게도 그것을 가르쳐줄 겁니다. 강은 모든 것을 알고 있고, 우리는 강에게서 모든 것을 배울 수 있지요. 벗님도 강에게 이미 많은 것을 배웠습니다. 아래로 내려가려는 것, 깊은 곳으로 내려가 찾는 게 좋다는 것을 강이 벗님한테 가르쳐준 겁니다. 부유하고, 고귀한 신분의 싯다르타가 노를 젓는 사공이 되고, 지식이 많은 브라만 출신의 싯다르타가 뱃사공이 되려고 하는 것은 강이 벗님한테 말해준 겁니다. 이제 벗님은 다른 것들도 강에게 배우게 될 겁니다."

싯다르타가 한참 말없이 앉아 있다가 말했다. "바수데바, 다른 것들이라면 무엇을 말하는 건가요?"

바수데바는 자리에서 일어섰다. "이제 밤이 깊었으니 그만 들어가서 잡시다. 벗님, 다른 것이 무엇인지는 제가 말해줄 수 없어요. 벗님이 앞으로 배우게 될 거고, 어쩌면 이미 알고 있을지도 모릅니다. 보세요, 저는 학식이 많지 않아 말을 잘할 줄 모르고, 생각도 할 줄 모릅니다. 오직 남의 말을 잘 귀담아 듣고 경건하게 사는 것만 할 줄 알 뿐, 다른 것들은 배우지 못했습니다. 내가 만약 말을 할 수 있고, 가르칠 수 있다면 진즉 지혜로운 사람이 되었겠지요. 하지만 저는 단지 뱃사공일 뿐이고, 제가 해야 할 임무는 사람들이 강을 건너게 해주는 겁니다. 수천 명의 여행객들과 당신에게는 제가 살고 있는 이 강이 단지 여행 도중에 만난 하나의 장애물일 뿐이었습니다. 그들은 돈과 사업, 결혼식, 순례 등을 하기 위해 먼 길을 떠났고, 그들 앞에 있는 강은 장애물이었겠지요. 뱃사공은 그들이 그런 장애물을 신속하게 넘을 수 있도록 도와주기 위해 있습니다. 수천 명 가운데 몇몇 사람, 불과 너덧 명의 소수는 강을 더 이상 장애물로 인식하지 않게 되었습니다. 그들은 강의 목소리를 듣고, 강이 하는 이야기를 듣고, 강이 제게 그렇게 해준 것처럼 강을 성스러운 것으로 생각하게 되었습니다. 자, 이제 그만 들어가서 쉽시다, 싯다르타."

싯다르타는 뱃사공 바수데바의 집에 머물면서 나룻배를 다루는 법을 배우고, 나루터에 특별히 할 일이 없을 때는 바수데바와 함께 들판으로 나가 일을 하거나, 땔감을 모으고, 바나나 나무에서 열매를 따왔다. 그는 나무를 깎아 노를 만들고, 배를 수리할 수 있게 되고, 바구니 짜는 법을 배우고, 새로 알게 된 모든 것들에 즐거워했다. 시간은 빠르게 지나갔다. 바수데바가 그에게 가르쳐 준 것보다 더 많은 것을 강물이 그에게 가르쳐주었다. 그는 강물한테 수없이 많은 것들을 배웠다. 무엇보다도 가만히 귀 기울여 듣기, 어떤 열정이나 소망, 편견, 의견 없이 차분하고 열린 마음으로 기다리며 경청하는 법을 배웠다.

싯다르타는 바수데바와 사이좋게 지냈다. 두 사람이 서로 말을 주고받을 때도 있었는데, 그 말들은 불과 몇 마디 안 되었지만 오랫동안 심사숙고한 후 뱉는 말이었다. 바수데바가 원래 말하는 것을 별로 좋아하지 않는 성격이라서, 싯다르타가 그의 마음을 움직여 말을 하게 만들려고 노력했지만 성과를 거둔 경우가 드물었다.

"혹시 당신도 그 비밀, 그러니까 '시간은 존재하지 않는다'는 비밀을 강물한테 배웠나요?" 어느 날 싯다르타가 바수데바에게 물었다.

바수데바의 얼굴에 밝은 미소가 번졌다.

"맞습니다, 싯다르타. 강물은 어디에서나 동시에 존재하지요. 강물의 원천이나 강의 어귀, 폭포, 나루터, 소용돌이, 바다, 산, 그 어디에서든 동시에 존재합니다. 강물에는 오직 현재만이 있고, 과거의 그림자도, 미래의 그림자도 없지요. 지금 그것을 말하려는 거지요?" 바수데바가 물었다.

"네, 맞습니다. 그것을 깨닫고 제 인생을 바라보니 제 인생도 한 줄기 강이었습니다. 어린 소년 싯다르타, 성인이 된 싯다르타, 노년의 싯다르타가 진짜 현실이 아닌 그림자에 의해 분리되어 있다는 것을 알게 되었습니다. 싯다르타의 전생도 결코 과거의 일이 아니었고, 싯다르타의 죽음과 브라마로 돌아온 것도 미래의 일이 아니었습니다. 아무것도 아니었고, 아무것도 아니게 될 것입니다. 모든 것은 현존하고, 모든 것은 본질과 현재를 지니고 있습니다."

싯다르타가 무아지경에 빠진 채 말했다. 그런 깨달음이 그를 그토록 기쁘게 했던 것이다. 아, 일체의 번뇌가 시간 아니었던가? 모든 괴로움과 두려움이 시간 아니었나? 시간을 극복하면 그 즉시 힘겹고 적대적인 것들이 다 사라지고 극복되지 않던가? 싯다르타는 열변을 토했고, 바수데바는 웃는 얼굴로 그를 바라보며 동의한다는 듯 말없이 고개를 끄덕였다. 그러고는 손으로 싯다르타의 어깨를 쓰다듬고, 자기 할 일을 하기 위해 몸을 돌렸다.

우기가 되어 강물이 넘치고, 요란한 소리를 내며 힘차게 흘러가는 것을 보고 싯다르타가 말했다. "벗님, 강이 여러 개의 목소리, 아주 많은 목소리를 갖고 있다는 제 말이 맞지요? 왕의 목소리, 검객의 목소리, 황소 소리, 야생조류 소리, 임산부가 진통하며 내는 소리, 한숨 소리, 그 밖에 수천 개의 목소리를 갖고 있지요?"

"맞아요." 바수데바가 고개를 끄덕였다. "강물의 소리에는 삼라만상의 소리가 다 들어 있지요."

"강이 수천 개의 목소리로 동시에 말을 할 때 당신에게 무슨 말을 하고 있는지 알아들을 수 있나요?" 싯다르타가 물었다.

바수데바가 파안대소하며 싯다르타에게 몸을 기울이

면서, 신성한 강 옴의 말을 싯다르타의 귀에 대고 말했다. 싯다르타의 귀에도 들렸던 것과 똑같은 소리였다.

시간이 지나면서 싯다르타의 미소가 뱃사공의 미소를 점점 닮아갔다. 얼굴 전체가 환해지고, 행복에 눈이 부셨다. 수천 개의 잔주름이 빛을 발하고, 어린아이같이 보이는 동시에 노인처럼 보였다. 두 사람을 본 여행객들은 그들을 형제로 생각했다. 그들은 종종 강가의 나무 그루터기에 앉아 말없이 강물 소리를 들었다. 그들에게 그것은 단순한 물소리가 아니라 생명의 소리요, 현존하는 것의 소리요, 영원히 완성되어가는 것의 소리였다. 그러다 보니 두 사람은 강물 소리를 들으면서 똑같은 일들을 생각하게 되었다. 예를 들면 이틀 전에 나눈 대화라든가, 묘하게 그들 뇌리에 남아 있던 여행객의 얼굴과 그의 운명, 죽음, 어린 시절에 대한 생각을 하게 된 것이다. 강물이 뭔가 좋은 말을 해주면 그들은 서로의 얼굴을 바라보고, 둘이 똑같은 생각을 했다. 그리고 둘 다 갖고 있던 똑같은 질문에 똑같은 대답을 듣고 기뻐했다.

많은 여행객들이 나루터와 두 뱃사공에게서 뭔가 묘

한 느낌을 받게 되었다. 그들은 두 뱃사공 가운데 한 사람의 얼굴을 마주보면서 자기가 살아온 인생을 이야기했다. 고달픈 고민을 털어놓고, 악한 죄를 고백하고, 위로와 조언을 구했다. 가끔은 강물 소리에 귀를 기울이기 위해 그들 곁에서 하룻밤을 묵고 가게 해달라고 청하는 사람도 있었다. 나루터에 현자나 마법사, 또는 성인이 두 분 살고 있다는 소문이 돌자 호기심 많은 사람들이 찾아오는 일도 생겼다. 호기심 많은 사람들은 많은 질문을 했지만 아무런 대답도 듣지 못했다. 그들은 마법사는 물론 현자도 만나지 못했다. 그들 앞에는 아무 말도 하지 않고, 뭔가 특별하지만 바보처럼 보이는 늙고 친절한 두 노인네만 보일 뿐이었다. 호기심 많은 사람들은 큰 소리로 너털웃음을 짓고, 사람들이 얼마나 어리석고 경박하면 그런 말도 안 되는 헛소문을 퍼뜨리겠느냐며 한심해했다.

*

마흔 살과 쉰 살 사이의 십 년은 감정이 풍부한 사람들과 예술가들에게는 언제나 힘겨운 세월이다. 마음이 불안하고, 삶과 자기 자신을 적절히 조화시키기 어렵기 때문에 종종 불만족에 시달리는 시기다. 그렇지만 그다음에는 편안한 시간이 다가온다.

나는 그것을 나 자신에게서만 느끼지 않았고, 다른 많은 사람에게서도 관찰할 수 있었다. 속이 부글부글 끓어오르고 심한 가슴앓이를 하는 젊음이 아름다웠던 것처럼, 나이를 먹어가는 것과 성숙해가는 것에도 아름다움과 기쁨이 있다.

쏜살같이 흐르는 세월!

불과 얼마 전까지도 나는 어린아이로
팽팽한 얼굴 가득 미소 지으며 웃었네.
어느새 나는 이미 늙은 노인.
살아온 이야기를 서툴게 털어놓고,
충혈된 눈으로 흐릿하게 바라보고,
이제는 꼿꼿하게 걷지도 못하는.
오, 눈 깜짝할 사이에 인생은 저무나니
어제는 새빨갛고, 오늘은 우매하고,
모레는 죽음!
내가 사랑했던 사람들이 나를 속이지 않았다면,
아내가 나를 두고 떠나지 않았다면,
나는 아직도 노래를 부르며 길을 배회하고
여전히 푸른 젊음으로 침대에 누워 있으리.
그러나 여자들이 당신을 두고 가버리면
젊은이여, 그럼 당신은 길을 잃고 헤매며,

위스키 한 잔 들이키고 애써 용기를 추스르리.
그런 다음 물러나고, 퇴장하게 되리니.

*

　나이가 많은 사람이 자기보다 훨씬 더 젊고 어린 여자의 사랑을 받아들였다가, 더 지혜롭고 더 신중히 행동해야 된다는 이유로 그 사랑에 실망을 안겨주면, 사람들 사이에서 통용되는 인식이 노인에게 부당하게 작용한다.

*

　나이 오십이 되면 사람들은 유아기적인 버릇이 차츰 없어진다. 명성과 존경을 받으려는 생각을 차츰 떨쳐내고, 아무런 열정 없이 자기 자신의 지나온 삶을 되돌아보기 시작한다. 기다리는 것을 배우게 되고, 침묵하는 것도 익히며, 귀 기울여 듣는 것도 배운다. 허약해지고 나약해지는 대신에 그런 좋은 것들을 가지게 된다는 것은 커다란 이득이다.

쉰 살의 남자

요람에서 무덤까지
오십 년의 세월.
그다음 죽음이 시작된다.
어수룩해지고 시무룩해지며,
정신이 흐릿해지고 촌스러워지며,
머리카락은 하얗게 샌다.
이도 빠져버리고,
황홀감에 젖어
젊은 아가씨를 끌어안는 대신
괴테의 책을 손에 든다.

하지만 끝이 다가오기 전에 단 한 번,
눈빛이 맑고 곱슬머리를 한
그런 여자아이를
살짝 보듬어 안고

그녀의 입과 가슴과 볼에 입맞춤하고
그녀의 윗도리와 바지를 벗겨주고 싶다.
그런 다음 하느님의 이름으로
죽음이 날 부르러 오더라도 난 좋으리라. 아멘.

*

한없이 느리게, 아주 천천히 사람은 죽어간다. 치아, 살, 뼈들이 마치 사람들과 특별히 좋은 관계를 맺고 있었던 양, 각각 하나씩 작별을 고한다.

*

우리는 흐물흐물해지고 아무 말도 하지 않게 될 때까지, 우리 자신을 숱하게 괴롭히고 쓰디쓴 경험을 많이 하게 된다. 한순간에 슝! 올라가 가장 아름다운 순간을 맛보는 로켓이 훨씬 낫다.

*

청춘은 사라지고
이제 더 이상 건강하지 않다.
명상이 맨 앞쪽으로
비집고 나타난다.

사람이 나이가 들고 삶을 지속할 이유가 적어질수록,

더 어리석고 죽음에 대한 공포도 심해진다. 그런 사람일수록 탐욕스럽고 유치해져 최후의 만찬에, 마지막으로 맛보는 쾌락에 뛰어든다. 그러면서 다시 새로운 희망을 품고, 희망을 가질 이유를 자꾸 찾는다. 나는 요즘, 나이 오십에 삶에 대한 치명적인 갈증에 시달리고 있다. 위험한 시기를 지난 그 너머에 조용하고 시시비비가 가려진 시간이 찾아오기를 희망한다.

*

나는 죽음을 염원하기는 하지만, 너무 이르거나 덜 성숙한 죽음을 바라지는 않는다. 또한 성숙과 지혜로움을 갖추기보다, 아직 달콤하고 변덕스러운 인생의 어리석음을 가슴 깊이 사랑한다. 우리는 아름다운 현명함과 달콤한 우매함을 모두 갖고 싶어 한다. 사랑하는 친구여! 우리는 앞으로도 자주 서로 부딪치고 넘어지겠지만, 그것들 모두 소중한 것이리라.

*

　우리 삶의 불요불굴^{不撓不屈}, 그 끈질기고 집요함에 대해 나는 종종 감탄한다. 엊그제까지만 해도 도저히 받아들일 수 없을 것처럼 보였던 상태를, '기꺼이'라고는 할 수 없지만 '순순히' 순종하며 받아들이니 말이다.

*

　오랜 시간 동안 질질 끄는 육체적 고통을 극복하는 것은 분명 가장 힘겨운 일 중 하나다. 영웅적인 사람은 통증에 맞서며 그것을 애써 감추려 한다. 극기심 강한 로마의 스토아 철학자처럼 이를 악무는 그 자태가 의연해 보이기는 하지만, 나는 그것이 고통을 진정으로 극복하고 있는 것인지에 대해 의구심이 든다. 오히려 극심한 고통에 대항하려 하지 않고 열광과 모험을 즐기듯 그것에 몸을 완전히 맡겨버릴 때, 나는 그것을 가장 잘 극복할 수 있었다.

*

쉰과 여든 사이에는, 그 이전의 지난 수십 년간 경험한 것과 거의 비슷하게 아름다운 경험들을 많이 할 수 있다. 그러나 여든을 넘기는 것은 별로 추천하고 싶지 않다. 그 후에는 더 이상 아름답지 않기 때문이다.

나이 든다는 것·2

나이 든다는 것이란 과거의 기쁨이
곤혹스러운 것이 되고, 삶의 원천이 점점 흐릿해지며,
고통마저도 별 의미가 없어지는 것.
우리는 그것이 곧 지나가버리리라는 것으로 위안을
삼는다.

과거에 맹렬히 저항했던 것들—
속박과 부담과 책무들이
도피와 위안으로 바뀌고,
아직은 일상의 책임을 다하고 싶어 한다.

하지만 그런 소박한 위안이 멀리 미치지 못하고,
잽싼 날갯짓으로 영혼은 차츰 빛을 잃어간다.
육신과 시간 너머 아주 먼 곳에 있는 죽음을 예견하고
성급한 호흡으로 그것을 깊이 들이마신다.

다시 만난 니나

몇 달 동안 멀리 떠나 있다가 테신의 언덕으로 되돌아올 때면, 나는 매번 이곳의 아름다움에 새삼스레 놀라고 진한 감동을 받는다.

그냥 단순히 집으로만 돌아오는 것이 아니라 남쪽에서의 생활을 다시 시작하기 전에 이곳저곳에서 지낸 기억과 고향의 모습을 머리에 떠올리고, 다시 새롭게 적응하고, 뿌리를 내리고, 연결 고리를 잇는 일을 해야 한다.

무턱대고 가방을 풀어헤치는 것이 아니라 시골에서 신을 신과 여름 옷가지를 끄집어내고, 그것들이 겨울을 지내는 동안 장롱 속에 잘 보관되어 있었는지 확인해야 한다. 그리고 이웃 사람은 아직 별다른 일 없이 살아 있는지 알아봐야 하고, 지난 반 년 동안 무엇이 변했는지 느껴야 한다. 또한 이토록 오랫동안 고이 간직되어왔던 사랑스러운 이곳을 '문명의 축복'으로 채우려고 하는 절차가 어느 정도 진행되었는지 살펴봐야 한다.

실제로 계곡 아래쪽의 우거진 숲에는 나무들이 모두 베어져나가고 새로이 별장이 들어섰다. 우리 마을 길도 폭을 더 넓히느라, 환상적으로 아름답던 고풍스러운 정원들이 망가져버렸다.

마을에 마지막으로 남아 있던 우편 마차는 사라지고 그 대신 유서 깊은 좁은 골목길에 덩치가 지나치게 큰 자동차들이 나타났다. 이제는 늙은 피에로가 푸른 우편 마차 마부복을 입고 튼튼한 말들이 이끄는 노란 쌍두마차를 끌며 산을 요란스럽게 내려오는 모습을 볼 수 없게 되었다. 그로토 델 파체 식당에서 그에게 포도주 한 잔을 사주면 잠시 목을 축이곤 했었는데 그 모습도 볼 수 없게 되었다.

이제는 그림 그리기에 가장 좋았던 리구노 위의 멋진 숲 언저리도 더 이상 갈 수 없게 되었다. 외지인이 숲과 초원을 사들여 철조망을 쳐놓았고, 멋진 물푸레나무가 몇 그루 서 있던 곳은 차고로 변했다.

그런가 하면 여전한 모습들도 있다. 포도 덩굴 아래로 초록의 풀들이 싱싱하게 자라나고, 시든 나뭇잎 밑으로 청록색 에메랄드도마뱀이 언제나처럼 바스락거리는 소리를 내며 움직인다. 숲은 상록수, 아네모네와 산딸기 꽃으로 푸르고 흰빛을 띄며, 이제 막 신록으로 물들기 시작한 숲 덕분에 호수는 차갑고 온화한 빛을 물 위로 발한다….

아직은 여름과 가을이 고스란히 남아 있다. 나는 겨울이 되었을 때나, 도회지에서 사는 것보다 더 신나고 유쾌하게 다시 몇 달 동안을 보낼 수 있을 것이라는 희망을 품는다. 물감으로 그림도 그리고 관절통도 조금은 잊어버리면서, 오랫동안 집 밖에서 즐겁게 생활할 수 있으리라.

세월은 쏜살같이 지나간다. 이 마을에 처음 왔을 때 맨발로 학교까지 달려가던 아이들이 어느새 결혼을 했거나, 루가노나 밀라노에서 회사를 다니거나 가게에서 일을 하고 있다. 그때 이미 호호백발이었던 노인들은 그사이 유명을 달리했다.

문득, 니나 생각이 났다. 아직 살아 있기는 한 걸까? 세상에, 이제서야 니나가 생각나다니!

니나는 이곳에서 친하게 지내는 몇 안 되는 친구 가운데 하나다. 그녀는 일흔일곱 살로, 이 시대의 문물이 아직은 깊숙이 파고들지 못한 마을의 한쪽 구석에서 살고 있다.

그 집까지 가려면 뜨거운 햇빛을 받으며 몇 백 미터 정도 산을 내려가다가, 다시 산등성이를 타고 가파른 언덕을 힘겹게 올라가야 한다. 그렇지만 나는 곧바로 집을 나서서 먼저 포도밭을 지나 산 아래쪽으로 내려가다가, 이어서 초록의 좁은 계곡을 가로질렀다. 그러고는 여름에는 시클라멘으로, 겨울에는 눈동이나물로 가득한 비탈길 너머로 올라가기 시작했다.

마을에 들어서자마자 만난 아이에게 니나의 안부를 물었다. 그런데 니나가 요즘도 여전히 저녁이면 교회당 울타리 근처에 앉아 담배를 피우고 있다고 말하는 것이 아닌가.

나는 기쁜 마음으로 발걸음을 재촉했다. 그 말은 니나가 아직 살아 있다는 것을 의미했다. 그렇다면 아직은 내가 니나를 영원히 잃은 것은 아니라는 뜻이 된다. 니나는 날 반갑게 맞이하면서 불평도 털어놓고 중언부언 신세한탄도 할 것이다. 또한 노년, 관절통, 가난, 외로움을 아무런 즐거움 없이 끈질기게 감내하고, 세상에 대해 유쾌하게 생각하기보다는 저주하면서 마지막 순간까지 의사도, 신부도 부르지 않을 사람의 전형적인 본보기를 내게 보여줄 것이다.

햇빛으로 눈이 부신 길을 건너, 각지고 오래된 예배당을 지나 그늘 속으로 들어갔다. 이 건물은 고집스럽게 산등성이에 우뚝 솟아 세월의 흐름도 모른 채 언제나 다시 떠오르는 태양으로만 현재를 알 뿐, 계절의 변화 말고는 변화라는 것을 모르는 듯하다. 십 년이 흐르고 또 십 년이 흐르고, 백 년이 흐르고 또 백 년이 흐르면서 언젠가는 그 오래된 건물 벽도 붕괴될 것이다. 어두컴컴하고 비위생적인 구석들이 시멘트, 양철, 수도, 위생 변기, 음향 시설과 그 밖의 다른 문화시설들로 개조될 테지. 니나의 낡은 집터에도 프랑스어로 메뉴판을 써놓은 호텔이 들어서거나, 베를린 사람의 여름 별장이 들어서게 될 것이다.

하지만 아직은 그대로 남아 있다.

나는 돌로 된 높은 턱을 넘어 구부정하게 돌을 박아놓은 층계를 올라가 니나의 부엌으로 들어갔다. 언제나 그랬던 것처럼 돌, 냉기, 그을음과 커피 향이 진동했다. 덜 마른 장작의 짙은 연기 너머, 거대한 벽난로가 보였다. 그 앞 돌바닥 위에 있는 낮은 의자에 늙은 니나가 앉아 있었다.

니나의 눈에는 촉촉하게 눈물이 맺혀 있었다. 벽난로 속의 작은 불꽃들이 일으키는 연기 때문이었다. 그녀는 관절통으로 굽은 손으로, 연신 나머지 장작들을 불 속으로 집어넣었다.

"안녕하세요. 아직 절 알아보시겠어요?"

"물론! 존경하는 시인님, 벗님. 돌아오셔서 정말 기쁘네요."

내가 극구 말렸지만 니나는 굳이 자리에서 일어났다. 이미 굳을 대로 굳은 뼈마디들 때문에 시간이 한참 걸렸다. 나무로 만든 담배통을 들고 있는 왼손이 부들부들 떨렸고, 가슴과 등에는 검은색 모직 천이 감겨 있었다. 늙고 아름다운, 수릿과의 새 같은 그녀의 얼굴에서 날카로

우면서도 영특한 눈빛이 슬프고도 조소적으로 내비쳤다.

야유하는 듯하면서도 친구처럼 다정하게 니나가 나를 쳐다보았다. 니나는 내 작품 《황야의 이리》도 알고 있고, 내가 예술가라는 것도 알고 있다. 하지만 내가 별로 특별하지는 않다는 것도 알고 있으며, 혼자서 테신을 이곳저곳 헤매며 지낸다는 것, 그리고 우리 두 사람 다 행운을 몹시 갈구했지만 자기 자신과 마찬가지로 나 역시 그것을 별로 움켜쥐지 못했다는 것을 알고 있다.

나보다 니나가 사십 년 일찍 세상에 태어난 것이 안타까울 따름이다. 참으로 애석한 일이다! 물론 니나가 누구에게나 아름답게 보이는 것은 아니다. 심지어 어떤 사람들은 그녀를 눈이 흐릿하고, 관절이 휘고, 손가락이 지저분하며, 코담배를 언제나 코밑에 바짝 들이대고 있는 흉측한 할망구로 보기도 한다.

그렇지만 주름 많은 독수리 같은 얼굴 한복판에 있는 코는 얼마나 멋진가! 몸을 추스르고, 바짝 마른 몸을 일으켜 세웠을 때의 자태는 또 얼마나 근사한가! 고운 눈매와 순수한 눈망울에 내비치는 눈빛은 얼마나 지혜롭고,

자부심이 가득하고, 조소하는 듯하면서도 악의 없이 느껴지는가! 그녀는 분명 젊은 시절 미모가 빼어나고 지혜롭고 순한 여인이었을 것이다.

니나는 지난여름에 대해 이야기하고, 니나가 알고 있던 나의 친구들, 누이동생 그 밖의 사람들에 대한 안부를 물었다. 그리고 주전자에 물이 끓고 있는 것을 연신 훔쳐보다가, 갈아놓은 원두커피를 통에서 꺼내 커피를 만들어 내게 권했다. 우리는 불가에 앉아 이야기를 나누고 질문을 했다. 그리고 차츰 할 말을 잃어가면서 이런저런 말을 했다. 관절통에 대해서, 겨울에 대해서, 삶의 의미에 대해서.

"관절통! 그거 아주 못되먹은 놈이지, 못되먹고말고! 귀신이나 와서 그걸 물어가기나 할 일이지! 그런 것은 완전히 뿌리를 뽑아버려야 하는데. 아예 욕을 하지 말아야지!

어쨌든 이렇게 다시 오다니 너무나 기쁘고, 너무나 기분이 좋구려. 우리는 서로 친구 사이니까. 사람이 나이가 먹어 나처럼 일흔, 여든쯤 되면, 찾아오는 사람도 별로 없지."

니나가 다시 힘겹게 자리에서 일어나 거울에 빛바랜 사진이 꽂혀 있는 옆방으로 갔다. 내게 줄 선물을 찾는 모양이었다. 그러다가 아무것도 찾지 못하자 오래된 사진들 가운데 하나를 주려고 했다. 그것을 받지 않은 나는 담배통을 열고 숨을 길게 한 번 들이마시는 것만이라도 해주어야 했다.

담배 냄새로 찌든 니나의 부엌은 바닥이 지저분하고, 의자의 지푸라기도 끊어진 채 밑으로 내려뜨려져 있었다. 정갈하지도, 위생적이지도 않은 곳이었다. 낡은 양철 주전자는 검게 그을리고, 숯 때문에 허연 회색으로 변했으며, 지난 수년간 말라비틀어진 커피 가루가 단단하게 굳어 있었다. 아마 이 주전자를 보고 커피를 마시고 싶은 생각이 드는 사람은 몇 안 될 것이다.

이처럼 그곳은 현대에서 많이 동떨어진, 남루하고 초라하며 낡고 비위생적인 곳이다. 하지만 그 대신 숲과 산이 있고, 염소와 닭이 주변에 있으며, 마녀와 옛날 이야기에 더욱 가까운 곳이다.

찌그러진 양철 주전자로 끓인 새카만 커피는 장작 연기의 씁쓸한 맛이 살짝 가미되어 맛이 기막히게 좋았다. 그렇게 단 둘이 앉아 커피를 마시면서 신세타령을 하고, 다정다감한 말을 서로 건네고, 과거의 무용담에 대해 들었다. 이런 시간이 내게는 열두 명이 모여 춤을 추고 차를 마시는 모임이라든가, 저명인사들과 함께 모여 열이틀 저녁 동안 문학 토론을 벌이는 것보다 훨씬 만족스러웠다(물론 그런 좋은 만남의 중요한 가치를 혹평하고 싶은 생각은 추호도 없지만).

멀리 해가 지는 것이 보였다. 고양이가 집 안으로 들어와 니나의 무릎 위로 올라가 앉았다. 석회를 바른 벽에 너울대는 불꽃이 더욱 따스해 보였다. 겨울에는 그 텅 빈 동굴 같은 곳, 가물거리는 작은 불꽃만 벽난로에 일렁일 그곳은 살을 에는 듯 추울 것이다. 관절통을 앓고 있는 이 외로운 노인에게는 고양이와 닭 세 마리 외에는 말동무가 아무도 없다.

니나가 고양이를 다시 밖으로 내보내고는, 희미한 빛 속에서 흰 그릇을 든 채 유령처럼 일어섰다. 그녀는 껑충

하고 바싹 마른 체구로 매와 같은 눈빛을 발하며, 아직 가지 말라고 굳이 나를 붙잡았다. 그리고 한 시간만 더 같이 있자면서 빵과 포도주를 가지러 밖으로 나갔다.

2부

사라지는 것들에 대한 단상

노년이 되어

젊어서 선한 일을 하는 것은 쉽다.
모든 악한 것으로부터 멀어지는 것도.
그러나 심장의 고동이 살금살금 사라져버릴 때
미소를 짓는 것도 익혀야 한다.

그렇게 할 수 있는 사람이라면 늙지 않고
여전히 불꽃을 피울 수 있으리라.
그리고 주먹을 휘둘러
세상의 양극을 휘청하게 해놓을 수도 있으리라.

죽음이 멀리서 기다리고 있는 것이 보이기 때문에
멈춰 서지 말도록 하자.
그것과 정면으로 맞서며,
그것을 밀어내버리자.

죽음은 여기나 저기에 있지 않고
사방 모든 곳에 있다.
우리가 세상에 등을 돌리면
그것은 당신 안에도 있고, 내 안에도 있다.

*

　노인이 할 수 있는 일이라고는 한 살이라도 나이가 적은 사람에게 지혜로운 조언을 해주는 것뿐이기에, 나도 자네에게 조언과 충고를 하려고 하네. 예순 번째 생일이 그런 일을 하기에 가장 적합한 날이기 때문이지. 그 나이가 되면 이제는 남성적인 강인함, 남자로서의 자부심과 고집을 내려놓고, 이제까지 명령만 해왔던 인생을 조금 더 부드럽게 만들고 조심스럽게 다루기 시작해야 하네. 그렇게 하려면 나약함과 질병에 대해 세심함과 양보의 미덕을 보여줘야 해. 이제는 더 이상 불편한 심기를 거칠게 드러내거나 억지로 참지 말고, 한 발 뒤로 물러서서 그것들을 부드럽게 다루고 잘 보살피게나. 의사를 찾아가 약을 처방받아 먹고, 휴식도 더 많이 취하고, 휴양도 하고, 일을 하다가 더 자주 쉬어야지. 그것들이야말로 지상에 존재하는 가장 큰 권력의 특사이니, 잘 대접해주고 예를 갖춰줘야 하네.

막스 바스메르의 예순 번째 생일에 부침

우리는 별로 나쁘지 않은 인생을 살아왔지.
우리는 그리 쉽지 않은 인생을 살아왔지.
세상의 온갖 풍파를 다 겪으며 살아왔지.
흥청망청 마셔도 보고, 웃기도 했지.
딱딱하게 굳은 우리의 머리와 고집으로
치명적인 실수를 저지르기도 했지.
어리석은 우매한 짓도 많이 했지.
삶이 우리를 이리저리 끌고 다니며
우리에게 기쁨과 걱정을 한 아름 안겨주었지.
그리고 나, 열 살이 더 많은 나는
점점 더 피곤하고 지치게 되겠지.
그러나 풍성하고 풍요로운 인생이었네.
사랑, 일, 친구와 축제가 넘치도록 많았지.
신나게 웃는 벗들과 술과 음악을 즐겼지.
가끔 고통스럽고 언짢은 일도 있었지만

우리는 그보다 백 배는 더 많이 인생을 즐겼지.

음악과 술을 만끽했고,

무엇보다도 많이 웃었지.

그러다가 최근 얼마 전부터

입에 맞고 마음에 드는 음식도 없어지고,

생각과 몸이 점점 마음대로 움직여지지 않고,

주변에는 사람도 없지. 그래도 참고 지내야 해.

이제는 잘 보존된 눈부시게 아름다운 꽃들이

여전히 피어 있는 그 옛날 추억 속의 정원을 생각하게.

그 옛날 화려했던 축제의 현장이 다시 살아나게 하게.

벗이여, 자네도 언젠가는 피곤에 지치게 되어

그런 모습에 더는 큰 기쁨을 느끼지 못하게 될 걸세.

그리고 풍성하고 윤택한 인생을 살아온 것에

새삼 놀라게 될 걸세.

모든 것이 빛을 발하고, 그 어떤 후회도 없을 걸세.

자네는 맑고 정직하게 인생을 살아온

그런 성실한 사람이기 때문이지.

자네는 나이가 많거나 적은 친구들에게

큰 기쁨을 선물로 주었고, 많은 추억을 남겨주었지.

선을 베풀고, 신의를 지키고, 도움과 선물을 주었지.

우리가 자네를 생각할 때마다 그것이 빛을 발한다네.

자네는 그 누구보다도 기쁨을 안겨주는 사람이지.

그러니 기쁨과 신뢰,

따뜻한 마음과 사랑이

마지막 순간까지 성실하게

자네를 동반하게 될 걸세.

*

젊은 시절 믿기 어려울 만큼 어른스러운 생각을 했던 사람들이 가장 훌륭한 노인의 모습을 보여준다.

*

그 누구보다도 열심히 사는 젊은이가 훌륭한 노인이 된다. 학교에 다닐 때부터 늙은 노인처럼 굴었던 사람은 절대 그렇게 되지 못한다.

*

노인들이 더 이상 할 수 없는 몇 가지 일을 젊은 사람들이 척척 해내는 것을 보는 것은 사실 그렇게 참아내기 어려운 일이 아니다. 그렇지만 약하고, 보수적이고, 머리가 벗어지고, 유행이 지난 옷을 입은 노인들이 그 모든 것을 자기 자신에 대한 개인적인 도전으로 인식하고 '분명히 나를 화나게 만들기 위해 저런 짓을 하는 거겠지!'라고 말하면 비로소 그때 모든 일이 안 좋아진다. 바로 그 순간부터 그것은 받아들이기 어려워지는 것이다. 그리고 그렇게 생각하는 사람은 결국 실패하고 만다.

*

나는 젊음을 역설하거나 구별하는 것이 언제나 마땅찮았다. 사실 몇몇 사람들 사이에서만 자기들끼리 어떤 사람이 젊다거나 늙었다고 말할 수 있다. 재능이 있고 감각이 섬세한 사람들은 마음이 즐거웠다가 금방 슬퍼지는 것처럼, 늙었다가 이내 다시 젊어지곤 한다. 나이가 많은 사람들은 자기 자신에 대한 사랑의 마음으로 젊은이들보다 좀 더 자유롭고, 유쾌하고, 경험이 풍부하고, 선하게 일을 한다.

노인은 흔히 젊은이들을 건방지다고 생각한다. 그렇지만 노인은 젊은이들의 몸짓과 사고방식을 모방하기 좋아한다. 제 스스로 열광적이고, 편파적이며, 광신적이고, 마음에 상처를 쉽게 받는다.

노년은 젊음보다 나쁘지 않고, 노자老子는 부처보다 못하지 않다. 푸른색이 빨간색보다 좋지 않다고 할 수 없다. 노인이 젊어 보이려고만 하면 노년은 한낱 하찮은 것이 되고 만다.

*

지난 수십 년 전부터 나는 미국 같은 곳에서 꽃을 피우고 있는 젊음과 미숙한 것들에 대한 무모한 숭배에 거부감이 든다. 또한 하나의 수준으로, 하나의 계층으로, 하나의 '운동'으로 젊음이 자리매김되는 것에 마음이 불편하다.

*

나는 나이 든 사람이고 젊음을 좋아하지만, 그렇다고 내가 젊음에 대해 강한 관심을 갖고 있다고 한다면 그것은 거짓말이다. 요즘과 같이 힘든 시험을 치러야 하는 시대에 나이 든 사람들에게 흥미로운 질문이란 이것뿐이다: 고통과 죽음에 뿌리를 박고 있는 것으로 나타난 영혼과 믿음과 의미와 경건함의 방식에 관한 질문.

말하자면 고통과 죽음을 견뎌내는 것이 나이 든 이의 과업이다. 감격하고, 흥분하고, 자극을 받는 것은 젊은이들이 느낄 수 있는 감정이다. 그들은 서로 친한 사이가 될 수 있기는 하지만 두 개의 서로 다른 언어를 사용한다.

*

세계사는 대부분 무모한 사람들과 젊은 사람들에 의해 이뤄진다. 그들은 니체가 연극적으로 말했듯 "떨어지려고 하는 것은 밀쳐주어야 한다$^{\text{Was fallen will, soll man auch noch stoßen}}$"는 의미로 앞으로 전진하고, 더욱 빠르게 움직일 수 있도록 만든다(그러나 예민했던 니체는 노인이나 병약자, 혹은 동물을 절대로 밀쳐 떨어뜨리지 못했을 것이다).

역사는 평화의 시대도 간직하고 수용 가능할 수 있도록 하기 위해, 느리고 보수적인 것을 반대 세력으로 인식했다. 그리고 그렇게 만드는 임무는 교양 있는 사람과 나이 든 사람에게 주어졌다.

우리가 생각하고 소망하는 사람들이 기대와는 다른 길을 가서 짐승이나 개미 같은 것으로 성장해나간다면, 우리는 그러한 과정이 가능한 한 느리게 진행되도록 해야 한다. 심지어 투쟁적인 세력들조차 비록 서툴기는 하지만 무의식적으로 그런 상반된 관계를 인정해준다. 전투 준비 및 선전 공세와 함께 문화 사업도 벌이는 것이다.

스케치

저녁 무렵 회색빛이 된
여린 갈대에 가을바람이 차갑게 서걱거린다.
까마귀는 버드나무에서 산속으로 날개를 퍼덕이며 날아간다.
혼자서 외롭게, 해변에 쉬고 있는 노인
머릿속에 부는 바람결에서 밤과 가까워지고 있는 눈발을 느낀다.
그늘진 언덕에서 빛이 환한 곳을 향해 시선을 치켜뜨면
구름과 바다 사이 먼 해변의 지평선이 아직은 따뜻하게 햇빛에 반짝인다.
꿈과 시처럼 지극히 행복한 먼 곳의 황금빛.
반짝이는 풍경에서 눈길을 떼지 않은 채
고향을 생각하고, 좋았던 시절을 회상하면서
황금빛이 퇴색하다가 이내 사라져버리는 것을 그는 가만히 지켜본다.

시선을 거두고 천천히 일어나
버드나무 곁에서 그가 산속으로 걸어 들어간다.

*

 나이 든다는 것은 단순히 망가지고 시든다는 의미가 아니다. 그것은 삶의 매 단계가 그렇듯이 나름의 가치를 지닌다. 독자적인 마법을 숨기고 있고, 특유의 지혜와 고유한 슬픔을 갖고 있다. 그리고 나이에 맞는 문화가 활발하게 꽃을 피우는 시기에는, 오늘날 젊은이들이 요구하는 것처럼 우리도 우리의 나이를 존중해줄 것을 요구할 권리가 있다. 우리는 젊은이들을 언짢게 만들고 싶은 생각은 없다. 그러나 늙은이가 아무 가치도 없다는 말도 안 되는 말을 하는 것을 받아들일 수는 없다.

사멸

아이들이 노는 모습을 보면서
무슨 놀이를 하는지 이해하지 못하고,
아이들의 웃음소리가 낯설고 괴롭게 들리는 것.
아, 그것은 내가 영원히
멀리하고픈 사악한 적.
사라지지 않는 경고장.

사랑을 나누는 사람들을 보면서
기분 좋게 가던 길을 걸어가고
천국을 동경하지 않는 것.
아, 그것은 젊음에 영원을 약속하는
시인의 깊은 가슴 속에 피어난
조용한 체념.

나쁜 말을 듣고

더 이상 분노하지 않고,
아무것도 듣지 못한 척하는 것.
아, 그러고 나서 아무런 고통 없이
심장이 무던히 뛰고
성스러운 빛이 빛을 거두는 것.

*

나이가 드는 것은 사실 자연스러운 과정이다. 물론 예순다섯이나 일흔일곱이 된 남자도 더 젊은 사람처럼, 적어도 서른이나 쉰 되는 사람처럼 건강하고 건장할 수는 있다. 하지만 인간은 불행하게도 자기 자신의 나이와 항상 같은 단계에 머물러 있지 않다. 종종 마음속으로 더 앞서 있으며, 대개는 그것보다 더 뒤처져 있기 일쑤다. 그렇기 때문에 자각과 삶의 정서는 육체보다 덜 성숙하고, 자연스러운 외양에 저항하게 되며, 스스로 해낼 수 없는 것을 자기 자신에게 요구하게 된다.

*

늙어갈수록 사람은 더 어려진다. 물론 나는 사정이 조금 다르기는 하다. 나는 유년기에 느꼈던 삶의 기쁨을 가슴속 깊이 늘 간직한 채 살면서, 성인이 되거나 늙는 것을 일종의 재미있는 연극 정도로 생각해왔기 때문이다. 하지만 결국, 나 역시 마찬가지다.

*

 아름다움과 유쾌함, 눈으로 보거나 마음속으로 느끼는 기쁨이 넘쳐나는 시기인 젊은 시절에 그러하듯, 나이가 드는 것도 지식과 상관이 있다. 사람들은 지구상에서 인식할 수 있는 무한한 것들 중에 가능한 많은 것을 자기 안에 받아들여야 한다고 생각한다. 그것은 꽤나 흥미로운 충동이다.

최후의 여행

 내가 아는 어떤 사람은 나이가 거의 육십에 가까운데, 주로 지적인 활동을 해오고 살아왔다. 그런 사람들이 흔히 그렇듯, 그도 육체의 건강을 소홀히 해 실제 나이보다 훨씬 일찍 노화되고 노쇠해졌다.

 직장에서 자리에 연연해할 필요도 없고, 힘들게 생계를 돌봐야 되는 것도 아니었다. 또 복잡한 대도시에서 사느라 시달리는 것도 아니고, 방 안에만 죽치고 지내는 사람도 아니었다. 그런데도 일찍 노화가 시작되어 약해진 것이다. 물론 머릿속으로 업무를 구상하거나 일을 할 때는 그가 갖고 있는 에너지가 아직 예전과 다르지 않은 것 같았다. 하지만 육체적으로 과로를 하거나 어떤 결정을 내려야만 할 때, 그는 심각할 정도로 위축되고 고갈된 것처럼 느껴졌다.

 사람들은 지적인 일에 종사하던 그가 해낸 업적을 보고, 아직도 왕성하게 활동하고 있음을 칭송했다. 하지만 실제의 그는 점차 늙고 병든 사람이 되어갔다. 몸이 여기저기 안 좋고, 고통에 시달렸다. 먹고 마시는 것도 조심스러워지고, 침실에는 약병들이 쌓여갔다.

그렇게 세월은 거의 눈치도 채지 못할 정도로 시나브로, 마치 사과가 익어가는 것처럼 스며들었다. 황혼녘에 밝은 빛이 땅에서 사라지듯 조용히, 아무 소리도 안 나게, 흔적도 없이.

삶의 과정이 점프를 하듯 이어진다고 말하는 사람들도 있다. 그러나 나는 시인 슈티프터가 저서 《색이 있는 돌Bunte Steine》의 서문에 묘사한 것처럼 삶의 과정은 조용히, 비밀스럽게 흐르는 자연의 힘이라는 믿음이 더 강한 편이다. 사람은 뭔가 체험하거나 관찰할 때 서서히 오랫동안 사전 준비를 거친다. 갑자기 무르익어 나뭇가지에서 뚝 떨어지는 것처럼 단계를 훌쩍 뛰어넘는 것을 바라볼 때와는 다르다. 대부분의 사람들은 그렇게 늙는다. 아무도 눈치 채지 못하게 전개되지만 거울 속에 비친 자신의 모습이 어느 순간 갑자기 늙어 보인다. 감지하지 못하고 있던 피부 노화가 불쑥 나타나, 거칠고 무섭게 진행되고 있다고 생각하게 되는 것이다.

　내가 지금 소개하고 있는 그 사람은 젊은 시절 여행을 많이 다녔다. 해마다 일 년에 한 번씩 이탈리아로 가서 며칠 혹은 몇 주일 유명한 도시를 돌아다녔다. 그곳에서 대성당이나 종탑을 보고, 오래된 예술작품들을 감상하고, 옛날부터 빙켈만과 괴테가 자주 갔던 길을 따라갔다. 또한 그가 학문적 우상으로 사랑했던 야콥 부르크하르트가 갔던 길 역시 따라갔다. 그런 식의 여행으로 그는 밀라노, 피렌체, 베니스 외에도 이탈리아의 많은 도시를 알게 되었고, 어떤 도시에는 특별히 애정을 느껴 더 자주 찾아가기도 했다.

　그런가 하면 매력적이고 볼거리가 많지만 아예 찾아가지 않은 도시들도 있었다. 그런 도시들이 오지라 찾아가기 힘든 곳이라서 그런 게 아니었다. 오히려 그런 도시들은 큰 기차역 근처에 있었다. 그는 그 도시에 대해 책을 통해 알고 있는 지식을 실제로 보고 체험하기 위해 하차할까 말까 고민하다가, 결국은 다음에 하자고 애써 마음을 달래며 지나가곤 했다.

그는 그런 식으로 이십 년도 더 전에 여행을 했는데, 가르다 호수와 이세오 호수를 거쳐 브레시아까지 가는 여정이었다. 그는 배를 타고 멋진 마조레 호수에서 길고 아름다운 여행을 끝냈다. 구름 한 점 없이 맑고 바람이 기분 좋게 살랑거리는 가운데, 아로나에서 시작해 호수의 북부 끝까지 갔다. 나중에 생각해보니 그는 그 여행길에서 다른 때와 달리 매우 무거운 마음으로 이탈리아와 작별했다고 한다. 그때가 1914년 봄이었고, 그것이 그가 이탈리아에서 마지막으로 했던 여행이었다.

그곳에서 돌아온 직후 세계대전이 터졌다. 그리고 전쟁이 끝났을 때 그는 아름답고 많은 것을 배웠던 여행과는 전혀 다른 것들에 몰두해야만 했다. 젊은 패기도, 그간 느껴왔던 삶의 기쁨도 잃어버렸다. 그렇게 세월이 흘러갔다. 때로 힘들거나 그럭저럭 견딜 만한 시간들이 지나갔다. 저물녘에 빛이 슬그머니 사라지다 사방이 회색빛 어스름에 잠기면, 그의 인생과 그의 마음에서 젊음과 여행을 떠나려는 욕구, 그 밖에 다른 의욕과 많은 의지가 점점 사라지고 빛을 잃어갔다.

다시 만났을 때의 그는 부지런하고 쉽게 지치지 않는 사람이었다. 하지만 몸에 많은 습관이 생기고, 이곳저곳 아픈 데가 나타났다. 물론 그는 일을 많이 하고, 쉬는 날은 적고, 모든 게 끝났다고 보기엔 아직 멀었다. 큰 병에 걸린 것도 아니었다. 하지만 몸이 전반적으로 허약해지고, 거동이 불편해졌으며, 파티를 즐기지 않았다. 또한 깜짝 놀라거나 빠른 결정을 내려야만 하는 상황을 별로 좋아하지 않았다. 호기심이 많은 방랑객도 아니고, 세상의 아름다움에 대한 사랑에 여전히 목말라하는 여행객도 아니었다. 더 이상 멀리 푸르른 산이나 수평선의 황금빛 구름을 보고 여행을 떠나고 싶은 충동에 사로잡히지도 않았다.

그는 예순 살의 남자가 되었다.

최근 몇 년 동안 그는 건강상의 심각한 타격과 손실을 입어 고통에 시달렸다. 그 시련을 견뎌내면서 삶의 근본 뿌리까지 상처를 입었다는 것을 느끼게 되었다.

하지만 그런 힘든 시간이 지나면 다시 좋은 시간이 찾아오는 법. 그는 오랜 친구들과의 사랑과 신뢰를 회복하고, 차츰 다시 믿음을 갖게 되었다. 머지않아 맞이하게 될 육십 세의 생일축하 인사를 거부감이나 저항 없이 받아들이는 데 익숙해지고, 오히려 기대하는 마음도 갖게 되었다.

그렇게 여유를 되찾고 밝은 감정을 갖게 된 그는 전에 그토록 사랑했던 이탈리아를 다시 다녀오는 게 어떨까 하는 생각을 하게 되었다. 이십 년도 넘는 세월이 지난 이제, 작은 유혹과 모험으로 여행을 하고 싶은 생각이 모처럼 다시 난 것이다. 토스카나 주나 움브리아 주를 찾아가 낯설고 아름다운 도시와 풍경을 감상하고 싶었다.

사실 그는 몇 년 전부터 여행, 단지 여행을 위한 여행에 강한 거부감을 나타냈다. 그 사이 여행의 방법으로 고착된 여행객들의 모습을 불만족스럽게 생각한 탓이다. 물론 사람들이 여행을 하면서 느끼는 즐거움이 지난 시절 여행객들이 느꼈던 즐거움보다 더 작아진 것처럼 보이지는 않았다. 하지만 그가 보기에는 여행사를 통해 예약하고, 환율 상황에 따라 여행 계획을 세우며, 방문한 나라의 언어와 문화를 모른 채 수박 겉핥기 식으로 여행을 하는 산만한 사람들은 여행객으로서의 즐거움을 누릴 자격이 없는 것 같았다.

여행이 그런 식이 되고 보니 베니스는 저녁에 유흥업소가 즐비한 해변 도시가 되고 말았다. 마르세유는 생선 스프로 유명한 식당이 많은 도시가 되었고, 팔레스타인과 이집트는 초호화 호텔에서 묵으며 돈 자랑을 하려는 손님들의 사치품이 되어버렸다. 그 모든 변화가 그에게는 쇠락과 몰개성화로 보였다.

누군가 그에게 말했다. 세상이 이제는 젊어졌다고. 과거의 괴테나 훔볼트처럼 많은 것을 배우고 심오한 의미로 여행을 하는 것이 아니라, 평범하고 소박하며 편안하고 거추장스럽지 않은 영혼으로 해수욕이나 스포츠를 통해 젊음을 즐길 권리가 있다고. 그런 말을 들으면 그는 쓴웃음을 지으면서, 여행을 하는 사람들이 더 생기발랄해졌다는 것은 인정하지 않을 수 없다고 했다. 하지만 머지않아 그들이 더 이상 해변이나 스포츠를 할 수 있는 곳을 찾지 않고, 지금보다 더 어려져 나중에는 고작 손가락을 빠는 것만으로 행복에 겨워하게 될 거라고 말했다.

이제는 탐탁찮은 비전을 말하는 걸 잊어버렸는지, 그는 더 이상 그런 말은 하지 않는다. 하지만 소신은 여전히 변하지 않아, 다시 여행을 떠나거나 이탈리아를 떠올리려고 하지 않는다.

쉼 없음

근심이 많은 새, 그대 영혼이여.
그대는 언제나 같은 질문을 한다.
그렇게 험한 세월을 많이 보냈는데
이제 평화가 오고, 편하게 쉴 날이 올까?

아, 나는 알고 있다.
모처럼 평화로운 날이 찾아오면
새로운 것에 대한 욕망으로
하루하루가 괴로움이 되리.

그대는 편히 쉴 겨를도 없이
새로운 고통에 시달리게 되리.
그리고 샛별이 밝게 빛날 때
초조함에 감싸이게 되리라.

나이가 들고, 그것에 세심한 주의를 기울인 사람은 기운과 삶의 여력이 쇠약해지기는 하지만, 모든 무상한 것들과 사라지는 것들에서 아무것도 잃어버리지 않고 지낼 수 있다. 관계와 연결 고리의 끝없는 망을 계속 확대하고, 다양하게 폭을 넓혀 나가고, 기억력을 좋게 유지하는 한 말이다.

시든 나뭇잎

꽃들은 저마다 열매를 맺고 싶어 한다.
아침은 언제나 저녁이 되고 싶어 한다.
지상에 영원한 것은
변화와 도피뿐.

가장 아름다운 여름도
언젠가는 가을이 되고, 시들해진다.
나뭇잎이여, 바람이 너를 떼어내려고 하면,
꼭 붙잡고 조용히 인내하라.

유희를 계속하고, 저항하지 말며
조용히 일이 진행되도록 그대로 두어라.
너의 꼭지를 따내는 바람이
너를 집까지 날려보내도록 그대로 두어라.

활동과 안식의 조화

봄은 대부분의 나이 든 사람들에게 좋은 계절이 아니고, 내게도 역시 부담스럽다. 약과 병원의 주사도 별로 도움이 되지 않는다. 통증이 풀 속의 꽃들처럼 무성하게 자라나고, 밤을 지새우기가 몹시 고역스럽다.

그럼에도 밖에 잠시 앉아 있을 수 있는 짧은 낮 시간은 나로 하여금 망각을 잠시 멈추고, 봄의 기적에 몰두하도록 만든다. 무아지경의 순간에 머무르게 하는 것이다. 그리고 황홀한 광경을 묘사하여 다른 사람에게 전달할 수 있도록 눈길을 붙들어 매고 싶은 너무나도 소중한 광경에 시선을 모으게 한다.

자연이 삶의 과정을 보여주며 우리에게 말을 걸고 그 모습을 드러내는 것을 보는 경험은 어느 순간 느닷없이 하게 된다. 그 시간은 불과 몇 초나 몇 분에 불과하다. 나이가 많이 들면 기쁨과 고통, 사랑과 깨달음, 우정과 열정, 책과 음악, 여행과 일로 가득 찼던 인생이 그런 성숙한 순간을 맞이하기 위한 긴 우회로였다는 것을 깨닫게 된다. 그렇게 되면 신이 우리에게 풍경, 나무, 인간의 얼굴, 꽃의 모습으로 모든 존재와 발생의 가치와 의미를 보여주려고 했다는 것을 알게 된다.

실제로 우리는 젊은 시절에 막 피어나는 꽃송이, 구름의 형상, 천둥이 치는 순간을 더 강렬하고 뜨겁게 경험한다. 그래서 자연의 작은 표출 속에서 신과 영혼과 비밀을 인식하려면, 서로 상반되는 것을 함께 어우러지게 하여 커다란 하나로 다시 만나려면, 수없이 많은 것이 필요하다. 많은 나이, 많은 일, 많은 경험, 많은 사색, 많은 느낌, 많은 시련…. 내가 말했던 그러한 경험을 위해서는, 넘어질 듯 휘청거리며 죽음에 가까운 삶의 충동을 어느 정도 희석시킬 수 있어야 한다.

젊은이들도 분명히 그것을 경험할 수 있기는 하지만 그런 경우가 극히 드물고, 경험을 하더라도 대개 감정과 사색, 의미 깊은 정신적 경험, 유혹과 자각의 일치 없이 이루어진다.

아직은 비가 내리고 천둥 번개가 휘몰아치기 전이다.

가문 봄날, 나는 미처 땅을 일궈놓지 않은 포도밭의 한쪽 귀퉁이에 모닥불을 피워놓고 앉아 있는 것을 좋아한다. 정원에 울타리를 치는 산사나무가 있는 그곳에는 바람결에 실려온 너도밤나무 씨앗이 몇 년 전부터 어린 나무가 되어 자라고 있다.

수 년 전만 해도 그것을 볼 때마다 나는 왠지 못마땅했었다. 산사나무들이 안쓰러워 보였기 때문이다. 하지만 끈질긴 생명력을 지니고 겨울을 이겨낸 작고 여린 그 나무가 점점 자라나더니, 도저히 좋아하지 않고는 견디기 어려울 만큼 예쁘게 커서 이제는 제법 실팍한 나무가 되었다. 또한 얼마 전에 가까운 숲에 있던, 내가 가장 아끼는 고목 너도밤나무가 톱으로 싹둑 잘렸는데, 그 한 부분이 마치 나무줄기로 만든 북처럼 무겁고 육중하게 그곳에 덩그러니 놓여 있기 때문에 나는 그것을 더욱 좋아하게 되었다. 큰 너도밤나무의 자식이 아마도 지금 내가 좋아하는 나무일지도 모른다는 생각이 든다.

그 어린 나무가 끈질긴 생명력으로 이파리들을 꼭 붙들고 있는 모습에 나는 기쁨과 함께 깊은 감동을 받곤 했다. 산이 온통 벌거숭이가 되어 있어도 그것은 시든 나뭇잎을 몸에 두른 채 12월, 1월, 2월을 버텨냈다. 때로는 폭풍에 시달리고 눈을 소복이 맞기도 하면서, 처음에는 짙은 밤색이었던 이파리들이 차츰 연하고 가늘고 윤기가 흐르는 것으로 변해갔다. 하지만 나무가 그것들을 절대로 떨어내지 않았기 때문에 그것들은 어린 새순들을 잘 덮어주었다.

해마다 봄이 되면 어느 사이엔가, 언제나 미리 예견했던 것보다 조금 더 늦게 나무는 갑자기 모습을 바꾸었다. 나무는 오래된 나뭇잎을 떨구어내는 대신, 촉촉하게 물이 오른 보드라운 새순을 움틔워내곤 했다.

그런데 올해만큼은 내가 그 변신의 목격자가 되었다. 빗줄기가 들판에 초록색을 덧칠하고, 대기가 더욱 신선해진 직후였다. 뻐꾸기 소리는 아직 들리지 않았고, 꽃밭에 수선화도 미처 피어나기 전이었던 4월 중순의 어느 날 오후였다. 불과 며칠 전까지만 해도 그곳에 서면 차가운 북풍이 매섭게 휘몰아쳤었다. 너도밤나무는 거친 바람을 맞으며 꿋꿋이 선 채 나뭇잎 하나 떨구지 않았고,

나는 깊은 감동을 받으며 이를 주시했다. 그것은 색이 다 바랜 오래된 나뭇잎을 끈질기고 용감하고 강인하고 고집스럽게 붙잡고 있었다.

그런데 그날, 그 모습을 분명히 지켜볼 수 있었다. 나는 바람도 불지 않는 평온함 속에 모닥불 가에 앉아 나뭇가지를 불 속에 집어넣고 있었다. 바로 그 순간, 숨을 길게 토해내는 것과도 같은 미약한 바람이 잠시 일렁이는가 싶더니, 그동안 그렇게도 잘 지탱하고 있던 나뭇잎들이 소리 없이, 가볍게, 기꺼이 그리고 오랜 버팀으로 피곤한 듯, 그동안의 고집과 용감함에 지친 듯 바르르 떨었다. 그러더니 지난 5, 6개월 동안 줄기차게 매달리며 힘껏 저항했던 잎들이 흔적도 없이 떨어지는 것이 아닌가?

때가 되었기 때문에, 피나는 매달림을 더 이상 할 필요가 없기 때문에 한 줄기 미풍이 된 것이다. 홀홀 가볍게 펄럭이며 미소를 짓는 듯한 모습으로, 성숙한 자태로, 아무런 투쟁 없이.

가볍고 가는 작은 잎들을 멀리 날려 보내기에는 바람결이 너무 약했다. 마치 빗방울이 조용히 떨어지듯 바람이 밑으로 다소곳이 불면서 새순이 돋아 나오기도 하고, 어느새 새순으로 초록색을 띠는 나무 밑의 땅과 풀을 덮어주기도 했다.

그렇게 경이롭고 감동적인 장면에서 내 가슴을 뭉클하게 했던 것은 과연 무엇이었나? 가볍게, 기꺼이 사라져버린 겨울 나뭇잎의 죽음이었을까? 갑자기 깨어나 밖으로 비집고 나오면서 환희하며 나무에 생명을 불어넣어준 어린 새순의 생명력이었을까? 슬픔이었을까, 기쁨이었을까? 노인이 다 된 내가 젊고 유능한 사람들이 살아가야 할 공간을 차지하고 있는 것은 아닌가 하는 우려였을까? 혹은 너도밤나무 잎처럼 제시간이 되면 가볍고 경쾌하게 이별을 할 수 있기 때문에 가능한 오랫동안 버티며 저항하라는 권유였을까?

아니, 아니다. 모든 볼거리가 그런 것처럼, 그것은 진실의 불길 속에서 한데 어우러지는 상반된 것들의 합치였다. 위대하고 영원한 것의 표출. 그것은 완전한 없음을 의미했고, 존재의 비밀을 뜻했다. 그 모습을 지켜보는 사람에게는 바흐의 음악이나 세잔의 그림처럼 아름답고,

행복하고, 의미 깊고, 뜻 깊은 선물이자 보물이었다.

이러한 명명과 의미들은 경험하는 순간 머리에 떠올랐던 것이 아니다. 경험 이후에 비로소 느낄 수 있었던 것들이다. 경험 자체는 하나의 현상이고, 기적이고, 비밀이었으며, 엄숙하도록 아름다웠고, 준엄하면서도 다정다감했다.

어느새 세상이 더욱 윤기 흐르는 짙은 초록으로 변해 있었다. 부활절 일요일에 숲속에서 처음으로 뻐꾸기 소리가 울려 퍼졌다. 이슬이 맺히고, 일기가 변덕을 심하게 부렸으며, 바람이 살랑거리는 어수선한 날이 봄에서 여름으로 껑충 뛸 준비를 하고 있었다.

산사나무가 있고 너도밤나무에서 가까운 바로 그 자리에서, 은유적인 시각 체험이 내게 대단한 비밀을 말해주고 있었다. 구름이 무겁게 내려앉아 있기는 하지만, 하늘은 따가운 햇살을 새순이 돋아나는 초록의 계곡으로 쏟아냈다. 곧 바람이 사방에서 몰려오는가 싶더니, 사방으로 구름이 흩어지며 유희가 한바탕 벌어졌다.

불안함과 열정이 팽팽한 긴장감으로 분위기를 압도했

다. 그리고 구름의 유희 도중 내 눈길은 불현듯 다시 나무에게로 쏠리면서, 연한 잎들이 새로 돋아난 이웃집 정원의 포플러나무에 머물렀다. 어리고 예쁜 그 나무는 마치 로켓처럼 위로 쭉 뻗어올라 유연하게 흔들거리며, 우듬지를 뾰쪽하게 하고 솟아 있었다.

포플러나무는 잠시 바람이 잔잔할 때는 측백나무처럼 꼿꼿하게 서 있고, 바람이 점점 더 불 때는 얇고 가볍고 서로 얼기설기 얽혀 있는 나뭇가지로 수백 가지의 몸짓을 해 보였다. 힘과 초록의 새순을 즐거워하면서, 작고 여린 나뭇잎들이 우듬지를 이룬 멋진 나무였다. 그것은 이리저리 조용히 기우뚱거리며 마치 저울대의 저울판처럼, 사랑놀이를 할 때 양보를 하듯, 독특한 반동으로 흔들거렸다. (한참이 지난 나중에야 난 20여 년 전의 어느 날 복숭아 나뭇가지를 보고 그 의미를 헤아리며 〈꽃 피우는 나뭇가지〉라는 시를 지은 적이 있다는 것을 기억해낼 수 있었다.)

포플러의 가지와 잎 장식들은 즐겁고 아무런 두려움이 없는 기꺼운 마음으로, 힘차게 불어오는 촉촉한 바람에 몸을 내맡겼다. 바람 부는 날에 부르는 그들의 노래,

그리고 뾰쪽한 우듬지로 하늘에 써내려간 그들의 글은 아름답고, 완벽하고, 진지하고, 경쾌했다. 그것은 고통을 감수하면서 행동하는 것이었고, 운명을 받아들이면서 유희를 즐기는 것이었다. 그래서 그것은 다시금 모든 상반된 의미와 원리들을 새삼스럽게 지니게 되었다.

바람이 나무를 뒤흔들고 구부릴 수 있다고 해서 강한 존재인 것이 아니다. 나무가 바람에 아무리 구부려져도 다시 탄력 있게 재빨리 당당하게 곧추설 수 있다고 해서 승자인 것도 아니다. 이것은 양쪽이 함께하는 유희이고, 천상과 지상의 힘으로부터 나오는 활동과 평온함의 조화였다.

사나운 바람 속에서 우듬지가 계속 추고 있는 무언의 춤은 세상의 비밀을 드러내 보이는 어떤 것이었다. 강하고 약한 것, 선하고 악한 것, 행동하고 고통받는 것의 차원을 넘는 그 이면의 것이었다. 나는 그 안에서 평상시에는 감춰지고 은밀하게 숨어 있는 것이 마치 노자나 아낙사고라스의 글처럼 명확하게 묘사되어 있는 것을 느낄 수 있었다.

비록 짧은 순간이었지만 나는 그 광경을 보고, 그런 글을 읽기 위해서는 따뜻한 봄날만이 선물로 필요한 것이 아니라는 것을 느낄 수 있었다. 수많은 세월을 거치면서 해온 많은 활동과 실수, 어리석음과 경험, 쾌락과 고통도 반드시 뒷받침되어야 한다.

경험도 없고 아는 것도 없는 어린 소년이나 마찬가지인 내게 그런 광경을 목격하게 해준 포플러나무가 더없이 사랑스러웠다. 앞으로 서리와 눈송이가 나무 위로 소복이 내려앉을 테고, 비바람이 그것을 마구 뒤흔들 것이다. 또 번개가 내리쳐 상처를 입히기도 할 것이다. 그것이 성찰하고, 순종하는 능력을 갖게 되고, 큰 비밀을 열망할 수 있을 때까지.

3월의 태양

때 이른 열정에 취해
노란 나비가 춤을 춘다.
창가에 앉아 쉬고 있는
노인이 허리를 구부린 채 졸고 있다.

일찌감치 길을 나서
노래 부르며 봄날의 수풀을 가로지르니
수많은 거리의 티끌들이
그의 머리 위로 나부낀다.

새순이 돋아 나오는 나무와
노란 나비들은
도무지 노쇠해 보이지 않고
아직 오늘은 그 모습 그대로인 듯 보인다.

하지만 빛깔과 향기는
더 옅어지고 허전해지며,
빛과 공기는 더욱 서늘하고
숨쉬기에 더 힘들고 무거워진다.

봄이 꿀벌처럼 나지막이 윙윙거리는
노래는 아름답다.
하늘은 푸른빛과 흰빛으로 넘실대고,
나비는 황금빛 날갯짓을 한다.

노년에 대하여

 백발의 노년은 우리 인생의 한 과정이다. 다른 모든 과정들처럼 그것만의 독특한 성격, 분위기, 열정, 희열 그리고 난관을 갖고 있다. 머리가 하얀 우리 노인들도 젊은 친구들처럼 우리에게 존재의 의미를 부여해주는 과업을 갖고 있다. 침대에 누워 사경을 헤매면서 다른 사람을 부르기조차 힘겨운 사람들 역시, 중요하고 꼭 필요한 과제를 달성할 의무를 갖고 있다.

 노인이 되는 것도 젊은이가 되는 것처럼 아름답고 성스러운 과제를 안는다. 죽음을 배우고 죽어가는 것도 다른 모든 것들처럼 대단히 중요한 과업이다(삶의 의미에 대한 경외감과 삶의 성스러움을 완성하는 것이라고 전제한다면).

 머리가 하얗게 세고 죽음이 가까워 오는 노년을 증오하고 두려워하는 노인은, 하나의 삶의 과정을 대표하는 사람으로서 믿음직스럽지 못하다. 마치 젊고 힘 있는 젊은이가 자신의 직무와 일상 업무를 경멸하고 그것에서 벗어나려는 것처럼 말이다. 다시 말해 노인으로서 삶의 의미를 충족시키고 자신에게 부여된 과업을 올바르게 달성하기 위해서는, 나이에 따라 맞아들이게 되는 것들에 동의해야만 하고, 그런 것들을 흔쾌히 받아들일 수 있어야 된다.

젊든 늙든 간에 자연이 우리에게 요구하는 것에 몰두하지 않는다면, 삶의 가치와 의미를 잃어버리고 결국 삶을 속이게 된다.

누구나 백발 노년에 어려움이 있으리라는 것과 죽음을 눈앞에 두고 있다는 것을 잘 알고 있다. 해가 가면 갈수록 희생하고 포기해야만 한다. 자신의 생각과 힘에 의구심을 갖는 것을 배워야 한다.

얼마 전까지만 해도 짧은 산책길 정도로 느껴졌던 것이 멀고 힘겨운 길이 될 수도 있고, 어느 날 갑자기 아예 그 길을 걷지 못하게 될 수도 있다. 그동안 그렇게 좋아했던 음식들도 포기해야만 한다. 육체적으로 느낄 수 있는 기쁨과 쾌락은 더욱 드물게 나타나고, 그런 것들을 위해 이제는 더 많은 대가를 치러야 한다. 질병과 결함, 흐릿해지는 생각, 굳어가는 육신, 많은 고통, 더구나 그런 모든 것들을 길고 지루한 밤에 겪어야 한다는 것—모두가 숨길 수 없는 쓸쓸한 현실이다.

그러나 백발의 노년에도 좋은 점, 위안, 기쁨이 있다. 이것을 보지 못한 채 그렇게 와해되어가는 과정에 몸을 완전히 내맡긴다면, 한없이 처량하고 슬픈 일일 것이다. 노인들은 서로 만나면 악화되어가기만 하는 관절통이나 뻣뻣해지는 관절, 층계를 오를 때 가빠지는 호흡에 대해 쓸데없이 이야기를 할 것이 아니라, 고통과 분노보다는 기쁨과 위안이 되는 경험과 체험을 나누어야 한다. 그런 것들은 사실 따지고 보면 얼마든지 많이 있다.

노년기 삶의 긍정적이고 아름다운 면들, 그것에 우리 백발 노인의 힘의 원천이 놓여 있다. 그리고 젊은 시절에는 의미가 없었던 인내와 기쁨이 있다. 이런 것들을 알 수 있게만 된다면 난 굳이 종교로부터 받는 위안에 대해 말할 생각은 없다. 그것은 목회자들이 해야 할 몫이다.

나는 나이 든 사람들에게 주어지는 선물 몇 가지를 들

수 있다. 그 선물들 가운데 가장 소중한 선물은 '추억'이다. 오랜 세월을 거치며 기억 속에 간직되어오고, 활동량이 줄면서 과거와는 전혀 다른 입장으로 생각하게 되는 추억의 모습들.

60년이나 70년 전에 이미 이 땅에 더 이상 살고 있지 않은 사람들의 모습과 얼굴이 우리 마음속에서 계속 살아 숨 쉰다. 그리하여 그것은 우리 자신의 것이 되어 우리와 우정을 나누고, 살아 있는 눈으로 우리를 지켜본다. 그사이 완전히 사라졌거나 많이 변모한 가옥이나 정원이나 도시들을 우리는 과거의 한때처럼 손상되지 않은 모습으로 볼 수 있다. 수십 년 전에 여행길에서 보았던 아름다운 산과 해변을 추억의 그림첩 속에서 신선하고 화려하게 다시 만나볼 수 있다.

직시, 관찰, 관조는 하나의 버릇과 연습으로 굳어져가고, 우리가 관찰하는 것의 분위기와 상태가 우리의 행동에 은연중에 깊숙이 관여한다. 우리는 소망, 꿈, 열망, 열정을 품은 채 대부분의 사람들이 그러는 것처럼 인생의 수 년, 수십 년을 허겁지겁 지내왔다. 안절부절못하며, 긴

장한 채, 기대감에 가득 차서, 성취나 실망감에 심하게 흥분하며 말이다. 그런데 오늘 나는 커다란 추억의 그림책 속에서 삶을 조심스럽게 되돌아보면서, 그러한 숨 가쁜 경주에서 벗어나 관조적 생활을 할 수 있게 된 것이 무척 좋고 아름답다.

지금, 노년의 정원에는 전에 우리가 미처 가꾸지 못한 많은 꽃송이들이 곱게 피어나고 있다. 고귀한 인내의 꽃이 만발하면 우리는 더 여유롭고 관대해질 것이다. 또한 직접 행동으로 옮기는 것에 대한 요구가 줄어들수록, 자연과 같이 살아가는 다른 사람들의 인생을 더욱 관심 있게 볼 수 있을 것이다. 아무런 비평도 없이, 언제나 신선한 충격을 받으면서 다양성에 대해 놀라워할 것이다. 가끔 참여도 하고, 또 가끔은 조용하게 반성도 하며, 때로는 큰 소리로 웃고, 더 많이 즐거워하며 경청할 수 있을 것이다. 얼마 전에 나는 정원에 나가 나뭇잎과 마른 가지들에 불을 붙여 모닥불을 지폈다. 여든 살쯤 되어 보이는 할머니가 산사나무 울타리로 다가오더니 그런 나를 가만히 서서 지켜보았다. 내가 인사를 건네자 할머니는 웃으며 이렇게 말했다.

"불 참 잘 피우셨어요. 우리 나이가 되면 지옥이라는 것하고도 차츰 익숙해져야 하지요."

그 말을 하는 목소리에 갖가지 고통과 힘겨움이 배어 있기는 했지만, 우스갯소리를 하는 듯이 들리기도 했다. 우리는 서로 한참 이야기를 나눈 끝에, 마을에 백 살이나 되는 노인이 살아 있는 것을 고려해보면 우리 나이가 아직은 그렇게 많은 것이 아니며, 호호백발이라는 말도 할 수 없다고 결론지었다.

때로는 새파란 젊은이들이 왕성한 혈기와 몰이해로 우리의 뒷모습을 보고 웃거나, 우리의 힘겨운 몸짓, 몇 가닥 남은 흰 머리카락, 힘줄이 불거져 나온 목덜미를 우습게 볼 수도 있을 것이다. 하지만 언젠가 우리도 그들처럼 혈기 왕성하고 아무것도 알지 못했던 시절에 똑같이 그러했다. 이 사실을 기억하면 우리 자신을 열등한 존재나 패배자로 생각하지 않게 되고, 그러한 삶의 과정을 벗어났다는 것과 조금 더 현명하고 참을성이 많아졌다는 것에 대해 기뻐할 수 있다.

가을비

비, 가을에 내리는 비
잎이 힘겹게 축 늘어진 나무와
잿빛 너울을 쓴 산에 내리네!
빗방울이 내리치는 창문으로
힘겨운 이별로 가슴앓이하는 세상을 쳐다본다.
흠씬 젖은 외투 속에서 바르르 떨면서
그대는 밖으로 나간다. 숲 언저리
빛바랜 잎에서 물이 뚝뚝 떨어지고,
두꺼비와 도룡뇽이 빗물에 젖는다.
밑으로 뻗은 길에
물이 끝없이 흘러내리며, 졸졸 노래 부르다
무화과나무 근처 풀밭
드넓은 못에 멈춰 선다.
계곡의 교회 첨탑은
땅속에 묻히는 마을의 누군가를 위하여

머뭇머뭇 노곤한
종소리를 울린다.

그러나 그대 사랑하는 이여,
땅속에 묻힌 이웃을,
여름날의 쾌락을,
젊음의 축제를 슬퍼하지 말라!
모든 것이 경건한 추억 속에
말로, 그림으로, 노래로 보존되어
더욱 새롭고 고귀한 모습으로
한바탕 회상의 향연에 되돌아올
준비가 언제라도 되어 있도록,
그것이 보존되고 변모되도록 하라.
그러면 믿음으로 가득 찬 기쁨의
꽃송이가 그대의 가슴속에 피어나리니.

*

　노년기에는 고통이 많다. 하지만 그것에도 축복이 있다. 그중에 하나가 우리와 우리의 문제와 우리의 고통 사이에서 자라난 복종과 권태와 망각의 보호막이다. 물론 그것은 태만, 굳어짐, 끔찍한 무관심일 수도 있다. 하지만 아주 잠시 동안이라도 전혀 다른 시각으로 보이면서 여유, 인내, 재치, 지고한 지혜와 도^{道}가 될 수 있다.

*

　노년은 많은 것을 떨구어낼 수 있도록 도와준다. 나이 든 사람이 고개를 흔들거나 몇 마디 말을 중얼거리면, 어떤 사람은 그 안에서 명쾌한 지혜를 보고, 또 어떤 사람은 단순하게 뼈마디가 굳어진 것을 본다. 세상에 대한 그의 행동이 경험과 지혜에서 비롯되는 것인지, 혹은 혈액 순환의 장애로 인한 것인지는 아직 알 수 없다. 사실 나이 든 사람 자신도 모르고 있다.

*

　노년이 되어가면서야 비로소 아름다운 것이 드물다는 것을 알게 된다. 공장과 대포 사이에서도 꽃이 핀다는 것, 그리고 신문과 증권들 사이에서도 시詩가 살아 움직인다는 것이 사실상 기적이라는 것을 깨닫게 된다.

*

　젊은이에게는 그들 나름대로 존재의 의미가 있다. 찾아 나서고, 고통스러워하는 것은 물론 그들에게 중요한 의미가 있다. 나이 든 사람에게 있어서 찾아 나선다는 것은 삶에 의미를 부여하는 것만으로 이루어진 책임을 스스로에게 지운 채 객관적인 것, 자기 자신과 자신의 근심 그 이상의 것, 꼭 필요한 것이나 성스러운 것, 존경할 만할 것을 찾는 것이다. 그런 것을 찾는 게 아니라면 그 탐색은 실수이고, 인생을 허송세월한 것이 되고 만다.
　젊은이가 필요로 하는 것은 자기 자신을 진지하게 받아들일 수 있는 능력이다. 나이 든 사람이 필요로 하는 것은 진지하게 받아들이는 무엇, 자기 자신 위에 있는 그 무엇에 스스로를 희생할 수 있는 능력이다.

    굳이 종교적인 말을 하고 싶지는 않지만 나는 영적인 삶이 그 두 개의 극 사이를 오가야만 한다고 진실로 믿는다. 젊은이의 과업, 동경, 책무는 앞으로 무엇인가가 되어가는 것이고, 성숙한 인간의 과업은 스스로를 내맡기는 것이다. 혹은 언젠가 독일의 신비주의자가 말했듯이 '벗어나는 것'이다. 완벽한 인간과 참된 특성을 가진 인간이 되기 전에 다시 태어나는 아픔의 산고를 겪어야 진정한 한 인간으로서 성장할 수 있다.

잿빛 겨울날

잿빛 겨울날
고요하고, 거의 불빛도 없이
아직 누군가 말을 건네오는 것이
달갑지 않아 마뜩찮아 하는 노년.

힘찬 정열과 열정으로 흘러가는
젊은 강물 소리를 듣는다.
조급한 힘은 그를
참견 잘하고 쓸모없다고 몰아붙인다.

눈을 냉소적으로 지그시 감고
아직은 빛을 품다가
문득 눈발을 흩날리며
얼굴에 가린 너울을 벗는다.

백발 노년의 꿈속에
아우성치는 갈매기 소리와
벌거숭이 마가목에 앉은
지빠귀 무리의 지저귐이 성가시다.

중요해 보였던 많은 것들이
시시해 보이고
어둠이 깊어질 때까지
소리 없이 눈발이 흩날린다.

*

 지난 것들을 붙들거나 그대로 따라 하자는 것이 아니다. 탄력적으로 변모하며 새로운 것을 경험하고, 우리 자신의 힘으로 자리를 꿋꿋이 지키고 있자는 말이다. 비애는 잃어버린 것에 집착하는 의미에서는 좋지 않지만, 진정한 삶의 의미에서는 그렇지 않다.

어린 소년

내게 벌을 주면
나는 입을 다물지.
잠자면서 울고
씩씩하게 깨어나지.

나를 혼낼 때면
사람들은 나를 꼬마라고 부르지.
난 더 이상 울고 싶지 않아
잠자면서 웃지.

큰 사람들은 모두 죽어가지.
아저씨도, 할아버지도.
하지만 난, 나는
언제나, 언제까지라도 남아 있을 거야.

*

　인생은 모름지기 한 계단 한 계단씩 오르면서 전진하는 것이 되어야 한다, 라고 나는 마음속에 그렸었다.

　음악이 한 주제에서 다른 주제로, 한 리듬에서 다음 리듬으로 옮겨가면서 연주되고, 완성되며, 절대로 지치거나 사그라들지 않고, 언제나 깨어 있으면서 완벽하게 앞으로 나아가는 것처럼 그렇게 인생을 통과하면서 전진해야 한다.

　잠에서 깨어날 때도 나는 그런 단계가 있다는 것을 눈치 챘다. 삶의 황혼기가 시들어가고 죽어가지만, 새로운 공간으로 깨어나고 새로운 시작으로 이끌어진다는 것을 알게 된 것이다.

계단

꽃송이들이 모두 시드는 것처럼, 젊음이
노년에게 자리를 비워주는 것처럼, 삶의 모든 과정은 곱게 피어난다.
모든 지혜과 덕망이
그 나이에 맞게 피어나고, 영원히 지속될 수 없다.

작별을 준비하며 새로 시작하는 것이
모든 삶의 과정에 핵심이다.
씩씩하게, 아무런 비통함 없이
다르고 새로운 것에 연결되어야 한다.
그리고 모든 시작에는 우리를 보호하고 살아가게 도와주는
마술이 숨겨져 있다.

우리는 더욱 유쾌하게 앞으로, 앞으로 나아가야 하고

고향처럼 매달려서는 안 된다.
시대정신은 우리를 붙들거나 옭아매려고 하지 않고
한 계단 한 계단씩 우리를 위로 올려주고 더 멀리 보내려고 한다.

삶의 한 과정에 친숙해져
친밀감을 느끼는가 싶으면 어느새 무기력이 우리를 위협한다.
박차고 떠나갈 준비가 되어 있는 사람만이
굳어지는 습관에서 벗어날 수 있다.
설령 죽음의 순간이 닥치더라도
새로운 시작은 신선하게 우리에게 다가오리니
우리를 부르는 생명의 외침은 결코 멈추지 않으리….
자, 심장이여, 이별을 고하고 새롭게 태어나라!

*

비열한 인생을 살지 않기 위한 최고의 무기는 용기와 고집, 그리고 인내다. 용기는 강하게 만들고, 고집은 흥미롭게 하며, 인내는 휴식을 준다. 안타깝게도 사람들은 그것을 대개 인생의 늘그막에 알게 된다. 풍파에 시달릴 때와 죽음에 서서히 다가갈 때도 대개의 사람들은 그것을 필요로 한다.

*

잃어버린 고향에 대한 그리움은 유년기와 어린 시절의 믿음을 잃고 회한에 젖는 것과 매우 비슷하다. 그리움에 파묻혀 그것을 보살피느라 병에 걸리지 말고, 그 정신적 힘을 현재와 현실세계로 돌려야 한다. 아주 많은 사람들이 오늘날 실향민이 되고, 타향을 고향으로 만들기 위해 새로운 장소, 사람, 과제에 헌신의 노력을 다한다.

*

과도하게 기계화되어 있는 자연을 되찾아야 한다. 지

친 일과를 끝낸 후 휴식을 즐길 수 있어야 한다. 원심 돌리기의 중심을 되찾아야 한다. 그렇게 할 수 있도록 큰 도움을 주는 것들은 자연, 음악, 그리고 무엇보다도 창의력이다.

*

영혼과 예술을 제외하면 꼭 필요로 할 때 우리를 내팽개치지 않는 유일한 것은, 자연이다.

봄의 언어

봄이 무슨 말을 하는지 아이들은 다 안다.
살아라, 자라라, 꽃피워라, 꿈꾸어라, 사랑하라,
기뻐하라, 새로운 충동을 느껴라.
몸을 내맡겨라! 삶을 두려워하지 말라!

봄이 무슨 말을 하는지 백발 노인들은 다 안다.
노인이여, 땅에 묻히거라,
씩씩한 소년에게 그대의 자리를 물려주어라.
몸을 내맡겨라! 죽음을 두려워하지 말라!

*

  봄은 연로한 사람들에게 대개는 별로 좋지 않은 계절이다. 높새바람이 나무를 뒤흔들고, 혹시 고목의 나뭇가지가 부러지지 않는지 하나씩 세차게 흔들어댄다. 그런 것처럼 봄은 곧 쓰러지는지 확인하려고 늙은이들을 뒤흔든다.

  그럼에도, 봄은 아름답다.

*

  품위 있게 늙어가고, 우리 나이에 걸맞은 행동을 하는 것, 지혜를 갖는 것은 매우 어렵다. 대개의 경우 우리의 영혼이 육신에 앞서거나 뒤쳐져 있기 쉽다.

  그러한 격차를 줄이기 위해 삶의 역경에 처하게 된다. 혹은 질병에 걸렸을 때 나타나는 뿌리째 흔드는 두려움이나 근심, 내면적 정서의 혼돈이 생긴다.

  아이들은 어려운 일이 있을 때 울거나 약한 면을 내보임으로써, 삶의 균형을 가장 잘 찾을 수 있다. 그런 것처럼 역경이나 두려움에 대해 겸손하게 고개를 숙이는 자세를 갖는 것이 좋을 것이다.

*

노년에 열정 대신 지혜가 있다는 것은 한편으로 좋은 것이다. 그러나 노년도 삶의 일부이기 때문에 매번 새로운 상황에 처하게 된다. 그 상황은 새롭고, 또 새로운 것을 요구하기 때문에, 우리는 그런 것들에 대해 지혜롭지 못하다. 그러므로 사람은 계속 어리석은 짓을 하게 되는 것이다. 나이가 더 젊은 사람들에 비해 인내심이 조금 앞서는 것 말고는 더 나은 게 없다.

*

나이가 많이 들면 이미 지나간, 멀고 먼 세월을 묘한 감상으로 되돌아보게 된다.

내 삶의 후반기는 극적이었고, 많은 투쟁의 연속이었다. 또한 적들도 많이 만들었으며, 곤경도 많이 겪었고, 지나칠 정도로 큰 성공을 거두기도 했다. 그러나 그렇게 불안정한 삶의 절반을 뛰어넘을 수 있었던 힘은, 거의 사십 년에 가깝게 평온한 시간을 누릴 수 있었던, 더 조용했던 나머지 절반인 전반기 덕분이었다.

   사람들은 전쟁을 하면 철처럼 강해진다고들 하지만, 내 경험으로는 그렇게 되도록 격려하고 지지해주는 것은 평화였다.

*

   추억 속의 그림책, 경험의 보물을 우리 나이 든 사람들이 갖고 있지 않다면 어떻게 되겠는가! 한없이 처량하고 불쌍한 일이 되리라!

   그런 것이 있기 때문에, 우리는 망각과 끝을 의미하는 닳아빠진 육신을 단지 지탱하고 살아가는 것이 아니게 된다. 그런 것이 있기 때문에, 우리는 살아 숨 쉬고 밝게 비치는 보물을 지닌, 마음이 풍요로운 사람이 될 수 있다.

고단한 저녁

저녁 바람의 노랫소리
나뭇잎 속에 탄식하며 목이 메고,
무거운 물방울이
하나씩 먼지 속으로 떨어진다.

푸석푸석한 돌담에
이끼와 양치羊齒가 솟아 나오고,
노인들은 조용히
문지방에 앉아 우물거린다.

굽은 손들은 뻣뻣한 무릎에
가지런히 얹혀 있고,
안식 속에
이울어간다.

공동묘지 위로 까마귀가
거대한 날갯짓으로 힘겹게 날아간다.
나지막한 구릉에
양치와 이끼가 무성히 피어난다.

*

 지혜는 우리에게 있어 마치 거북이와 아킬레우스의 경주(고대 그리스의 철학자 제논이 제시한 논리학상의 역설―옮긴이)와도 같다. 그것은 언제나 한 뼘쯤 먼저 앞서 있다. 그럼에도 지혜에 다가가고, 이끌린 채 그것을 뒤쫓는 것은 잘하는 일이다.

*

 과거! 아름다운 마술이여! 불타오르는 슬픈 마술이여! 그보다 더욱 아름다운 것은 잊혀버리지 않는 것, 존재했던 것이 완전히 사라지지 않는 것, 비밀스러운 계속된 생존, 은밀한 영원성, 추억 속에 늘 깨어나는 것, 언제나 되살아나도록 생생하게 묻혀 있는 주문^{呪文}!

노인의 손

길고 긴 밤
기다리다, 귀 기울이다, 깨어나며
그는 간신히 지새운다.
이불 위로 놓인 그의 손은
뻣뻣하고, 나무처럼 굳은 이 고단한 심부름꾼이
왼쪽, 오른쪽에 놓여 있다.
노인은 그것들이 깨어나지 않도록
가만히 웃는다.

다른 어떤 것들보다 그것들은
많은 일을 끊임없이 해냈다.
아직은 기운이 남아 있기에
더 많은 것을 해내야 하지만
편안한 휴식과 다시 흙으로 돌아가는 것을
순종하며 따를 손.

심부름꾼 노릇을 하느라
피곤하고 말라비틀어진 그것.

그것들이 깨어나지 않도록
노인은 가만히 웃는다.
길고 길었던 삶은
아주 짧아 보이고, 하룻밤은
한없이 길게 느껴진다…. 그리고 어린아이의 손,
청년의 손, 성인의 손이
저녁에, 인생의 마지막 무렵에
그렇게 서로를 쳐다본다.

굴뚝 청소부

축제가 벌어지는 화요일 오후, 아내가 루가노에 볼일이 있었다. 아내는 내게 함께 가서 놀이도 보고, 가장 행렬도 잠시 보고 오자고 했다.

지난 몇 주일 전부터 관절마다 통증이 있고 거의 마비된 것 같았기 때문에, 나는 외투를 걸쳐 입고 차에 오르는 것만 생각해도 거부감이 들 정도여서 내키지 않았다. 그렇지만 몇 번 사양하다가 결국 용기를 내어 그렇게 하겠다고 나섰다.

우리는 차를 타고 아랫마을로 갔다. 아내는 나를 먼저 포구에 내려놓은 다음, 주차를 하기 위해 더 멀리 갔다. 그 바람에 나는 요리사 카토와 함께 햇볕이 따사로이 내리쬐는 복잡하고 시끄러운 거리에 서 있게 되었다.

루가노는 평상시에도 활기차고 명랑한 도시지만 그날은 더욱더 화사해 보였다. 거리와 광장이 모두 활기에 넘쳤다. 화려한 의상들이 경쾌해 보였으며, 사람들은 모두 웃음을 머금고 있었다. 광장 근처 집들의 창문도 웃는 사람들과 가면들로 만원이어서 소음까지도 웃음소리처럼 들렸다.

외치는 소리, 한바탕 요란스레 웃는 소리, 누군가를 부르는 소리, 토막 음악들, 스피커에서 나오는 이상한 잡음. 또한 색종이 조각들을 한 움큼 다른 사람들 입속에 넣는 것이 주목적인 것처럼 보이는 청년들이 색종이 뭉치를 던지면, 소녀들이 깜짝 놀라면서 날카로운 비명 소리를 지르기도 했다(하지만 그렇다고 특별히 심각한 사태를 의미하는 것은 아닌 소리였다). 보도가 온통 알록달록한 색깔의 색종이 조각들로 뒤덮여 있어서 마치 이끼나 모래 위를 걸어가는 것처럼 푹신했다.

아내가 곧 돌아왔고, 우리는 리포르마 광장의 한쪽 구석으로 가서 섰다. 그 광장이 축제의 주요 무대 같았다. 광장과 인도가 사람들로 꽉 차 있었고, 그 사이로 화려한 의상을 갖춰 입은 시끌벅적한 사람들이 무리를 지어 이리저리 오갔다. 그들 중에는 가장 행렬 복장을 한 아이들도 많이 끼어 있었다.

광장의 한쪽 구석에는 무대가 설치되어 있었다. 스피커 앞으로 많은 사람들이 분주히 움직이고 있었다. 사회자, 기타를 맨 가수, 뚱뚱한 광대와 그 밖의 많은 사람들이 보였다. 사람들이 알아들었는지 못 알아들었는지, 혹은 이해를 했는지 못 했는지 모르지만, 어쨌든 광대가 익히 잘 알려진 어릿광대짓을 하기만 하면 모두들 까르르 웃었다. 배우와 관객이 호흡을 같이했으며, 무대와 청중이 서로를 즐겁게 해주었다. 그것은 따뜻한 마음이 계속 서로 오가는 것이었고, 서로를 위한 격려였으며, 흔쾌히 웃어보려는 마음으로 일체가 된 모습이었다.

이윽고 사회자가 한 젊은이를 시민들에게 소개했다. 훌륭하고 재능 있는 젊은 아마추어 예술가라는 설명이었다. 그는 여러 가지 동물의 소리와 그 밖의 다른 소리들을 흉내 내며 우리를 즐겁게 해주었다.

처음에는 아무리 길어도 15분 정도만 시내에 있을 생각이었다. 그런데 실제로는 30분 동안 그곳에 서 있으면서 나는 사방을 쳐다보고, 듣고, 기뻐했다. 시내에서 사람들 속에 파묻혀 있는 것, 더구나 축제가 벌어지고 있는 한복판에 있는 것이 내게는 아주 낯설고 두렵고 불안하기까지 한 일이었다.

나는 벌써 여러 주, 여러 달 동안 서재와 정원에서만 지내고 있다. 아주 드문 경우에만 동구 밖까지 내려가거나, 텃밭의 끝까지 갔다가 되돌아오곤 했다. 그런데 그렇게 웃고 장난을 치는 많은 사람들에 둘러싸인 채, 생기 있는 표정으로 쉽게 잘 놀라는 다양한 사람들의 얼굴을 보고 유쾌해하면서, 그들과 함께 웃고 즐겼다.

물론 오랫동안 그렇게 할 수는 없었다. 곧 다리가 차가워지고 통증이 느껴졌으며, 지치고 아픈 다리 때문에 집에 가고 싶은 마음이 생길 것 같았다. 보고 들으면서 잠시 즐거워하는 것, 특이하고 아름답고 흥미롭고 사랑스러운 얼굴들을 관찰하는 것, 말하거나 웃거나 외치거나 화내거나 무뚝뚝하거나 부드럽거나 날카로운 인간의 여러 소리가 날 지치고 힘겹게 할 것 같았다.

눈과 귀를 즐겁게 하는 많은 것에 유쾌하게 몸을 내맡기고 있자니, 피곤함과 더 이상 감당하기 어려워 쓰러질 것 같은 두려움으로 변한 현기증이 몰려오고 있었다. 그

즈음에서 토마스 만이라면 브리스트 신부가 "알고 있어, 알고 있다고"(토마스 만의 《부덴브로크 가의 사람들》 중에서—옮긴이)라고 했던 말을 인용할 것만 같았다.

그런데 조금 더 신중하게 생각해본다면 그렇게 지나치게 많은 것, 꽉 찬 세상, 마야의 눈부신 요술에 대한 두려움이 노년의 나약함 때문만은 아니었다. 그리고 심리학적으로 표현해서 세상에서 자기 자신을 보호하려는 내성적인 수줍음 때문이라고도 말할 수 없었다. 은밀하고, 현기증에 가까운 피로감과 불안에는 그것과 다른, 그보다 더 나은 이유가 있을 것만 같았다.

리포르마 광장에서 30분 동안 내 곁에 서 있는 사람들을 보니, 그들은 마치 물 만난 고기처럼 자유롭고 흥겨워했다. 만족스럽고, 마치 아무런 책임도 짊어지지 않은 사람들처럼 보였다. 내가 보기에 그들은 나중에 다시 쓸모 있게 자신을 내보이기 위해 정확하게 책임져야 할 것으로 분주히 움직이는 것 같지 않았다. 그리고 기억들을 하나하나 차곡차곡 보관하는 녹음기나 음반을 귀 뒤에 숨겨놓고 있지도 않았다. 필름, 뇌, 잡지 혹은 도서관처럼 간직해두어야 할 것을 눈 뒤에 숨기고 있지도 않은 듯 보였다. 그저 단순히 눈으로 모습을 보고, 귀로 소리를 받아들이기만 하고 있었다.

다시 말해 나는 아무런 부담 없이 지켜보는 단순한 관객으로서 그 자리에 서 있었던 것이 아니라, 손에 메모장을 들고 작업을 하면서 긴장감을 안은 채 서 있었다. 우리 예술가들은 그렇게 작업을 하곤 하지만(부지런히 메모장과 행사 광경 사이를 오락가락한다. 눈이 받아들일 수 있는 한, 머릿속에 기억해둘 공간이 남아 있는 한), 그것을 유쾌하게 받아들이면서 축제를 즐긴다.

그런 사정을 내 옆에 서 있는 사람에게 굳이 말할 필요도 없고, 혹시 그런 말을 했다고 하더라도 사람들은 웃으며 이렇게 말했을 것이다.

"저런, 하지만 직업에 대해 너무 부담스러워하지는 마세요! 그냥 잘 지켜보다가 가끔 재미있는 것들을 기록하는 것이 오히려 부지런히 본분을 다하는 것으로 생각될 수도 있을 겁니다.

당신이 보기에 우리는 휴가나 즐기고 있는 사람들이

거나, 입을 헤벌리고 있는 얼빠진 사람들이거나, 혹은 게으름뱅이처럼 보이겠지요. 하지만 우리는 지금 정말 휴가를 즐기고 있는 중이랍니다. 당신처럼 직업적인 임무를 갖고 있는 것이 아니라, 그냥 즐기기 위해 이 자리에 있다고요.

우리는 직업이 당신처럼 그렇게 아름답지는 못해요. 만약 우리가 일하는 공장이나 상점, 회사나 사무실에서 단 하루만 일해본다면 금방 지쳐버리실 거예요."

그것은 맞는 말이었다. 절대로 맞는 말이었다. 그렇지만 그렇게 생각을 해보아도 별로 소용이 없었다. 내 생각도 맞는 것 같았기 때문이었다. 하지만 아마 우리는 서로 자신의 입장을 어느 정도 정당화하고 싶은 생각은 있겠지만 상대의 기분을 상하게 하고 싶은 생각이 없기 때문에, 서로의 생각에 대해 역정을 내며 주장하지는 않을 것이고, 다정하고 약간 장난기 어린 말투로 말했을 것이다.

어쨌든 그런 대화를 나누고 싶어 하고, 정당화하고 싶은 상상을 해보는 것 자체가 이미 힘들고 피곤에 지쳐 있다는 의미였다. 그래서 곧 집으로 돌아가 낮 시간의 휴식을 뒤늦게나마 가지며 쉬어야겠다는 생각을 했다.

아, 그렇게 30분 동안 보았던 아름다운 장면들에서 과연 얼마나 적은 숫자의 영상만이 머릿속에 남아 간직될 것인가! 가장 아름다운 것일지도 모를 수백 개의 영상이 시원찮은 눈과 귀 때문에 흔적도 없이 사라져버릴지도 모를 일이었다(향락객이나 단순한 관객들이 그러했던 것처럼).

그렇지만 수천 개의 광경들 가운데 하나쯤은 가슴속에 남겨두어, 친구들을 위해 메모장에 기록해두어야겠다고 나는 생각했다.

축제가 벌어지고 있던 광장에 서 있는 동안 내내, 아주 조용한 누군가가 내 옆에 서 있었다. 30분 동안 거의 말한 마디 하지 않았고 미동도 없었다. 그는 묘한 외로움을 풍기면서 화려한 어수선함에서 벗어나 마치 한 폭의 그림처럼 너무나 아름답게 서 있었다. 이제 겨우 일곱 살쯤 되어 보이는 어린 소년이었다.

아이는 귀여운 용모에, 수많은 사람들 가운데 가장 사랑스러워 보이는 순진한 얼굴이었다. 가장 행렬 의상으로 까만 옷을 입고, 머리에는 검정색 중절모를 쓰고 있었다. 그리고 한쪽 팔에는 작은 사다리를 걸치고, 굴뚝 청소용 빗자루를 들고 있었다. 모든 것이 정성을 다해 예쁘게 꾸며져 있었다. 그 어린 사랑스러운 얼굴에는 그을음이나 그 비슷한 것이 조금 묻어 있었다. 하지만 아이는 그것을 전혀 아랑곳하지 않는 것 같았다.

어릿광대나 중국인, 도적, 멕시코인 등으로 구태의연하게 꾸민 어른들과는 정반대로, 무대 위에서 열연하고 있는 사람들과는 판이하게, 아이는 자기가 가장 행렬 의상을 걸치고 있다는 것과 굴뚝청소부 복장을 하고 있다는 것을 전혀 눈치 채지 못하는 것 같았다. 뭔가 특별하다거나 흥미롭다는 것, 너무나 잘 어울린다는 것도 알아채지 못하는 듯했다.

아이는 작은 갈색 신발을 신은 채, 검은색으로 덧칠한 사다리가 어깨 위에서 조금씩 미끄러지거나 말거나(사다리가 다른 사람에게 거치적거릴 때도 있었지만) 전혀 상관치 않은 채 조용히 서 있었다. 꿈꾸고 있는 듯 황홀한 표정으로, 보드라운 살결에 검은색 칠을 한 얼굴로, 그는 연한 푸른색 눈을 들어 우리가 서 있던 곳 건너편에 있던 건물의 창문을 올려다보았다.

창문은 사람들의 머리 위로 어른 한 사람의 키만큼 높은 곳에 있었다. 그 안에는 아이보다 약간 더 커 보이는 여러 아이들이 울긋불긋한 의상을 입고 모여 신나게 놀고 있었다. 소리도 지르고, 서로 부딪치기도 하다가, 가끔씩 우리가 서 있던 아래쪽으로 색종이 세례를 퍼부었다.

아이는 무아지경이 되어 깊은 감동을 받은 얼굴로 뚫어져라 그곳을 쳐다보았다. 눈을 높이 치켜뜨고, 넋을 놓은 채, 그 어떤 것으로도 눈길을 돌리지 않으면서 말이다. 그런데 그 눈빛에는 무엇을 원하는 기색도 없었고, 욕심을 내는 것 같지도 않았다. 다만 경이로움에 폭 빠져 황홀해하는 것뿐이었다.

아이가 놀란 얼굴로 그 장면을 쳐다보면서 혼자서 행복해하는 이유가 무엇인지 가늠하기 어려웠다. 의상의 화려한 색깔 때문이었을 수도 있고, 소녀들의 얼굴에서 아름다움을 처음 느꼈기 때문일 수도 있다. 형제도 없는 외로운 아이가 그곳에서 귀여운 아이들이 신나게 놀고 있는 것에 넋을 빼앗겼을 수도 있다. 혹은 가끔씩 정신없이 올려다보고 있는 사람들을 향해 색종이가 사각거리며 쏟아지면서, 우리의 머리나 어깨 위로 사뿐히 내려앉기도 하고, 길 위에 마치 고운 모래알처럼 수북이 쌓여갔기 때문인지도 모른다.

   나 역시 그 아이와 거의 같은 처지였다. 그 아이는 자기 자신이나 혹은 스스로의 옷차림 장식, 수많은 사람들, 어릿광대의 공연, 널리 울려 퍼지는 요란한 웃음소리, 박수갈채를 전혀 인식하지 않은 채 단지 창문 쪽을 올려다보았다. 그것처럼 나의 시선과 마음도 많은 사람들 틈바구니, 그리고 자꾸만 변화하는 모습에서 오로지 아이 쪽으로만 쏠렸다. 검은 모자와 검은 옷을 걸치고 아름다운 것을 기꺼이 받아들이려는 모습, 그 순진함과 작위적이지 않은 행복이 배어 있는 아이의 얼굴 쪽으로.

회상

비탈길 관목이 푸르게 울창하고
금작나무는 갈색 빗자루 모습을 하고 있다.
5월의 숲이 이토록 솜털처럼 부드러운 연두색이었음을
아직 기억하는 이 누구인가?

지빠귀의 노래와 뻐꾸기의 지저귐이
어떠했는지 아직도 기억하는 이 누구인가?
그렇게 아름다웠던 소리가
온데간데없이 잊혀버렸다.

여름밤의 축제가 벌어지는 숲속
휘영청 보름달이 산 위에 떠 있는데
누가 그것을 기록하고 누가 명심해두는가?
벌써 모든 것이 흩어져버렸다.
머지않아 당신을, 나를

알고 있다고 말할 사람이 아무도 없으리라.
다른 사람들이 이곳에서 살아갈 테고,
우리를 그리워하는 사람도 더 이상 없으리라.

샛별이 뜰 때까지
첫 이슬이 내릴 때까지 기다리리라.
우리는 하느님의 커다란 정원에서
기꺼이 꽃을 피우고 시들어가리라.

회귀

인생 마지막 무렵의 분위기, 혹은 노년의 독특한 이완된 모습은 어떤 것들일까? 삶이 진실을, 진실에 가까운 것을 잃어버리는 것, 삶에서 이미 어느 정도 불안정해진 차원으로 진실이 더 나약해지고 투명해지는 것, 우리에게 부과되는 진실의 실제적인 요구를 과거에 그랬던 것처럼 힘 있게 별다른 어려움 없이 이제는 더 이상 다룰 수 없게 된 것, 진실과 이야기를 해본다거나 유희를 해본다거나 협상을 해볼 수 없게 된 것.

우리 나이 든 사람들에게 진실은 삶이 아니라 죽음이다. 우리는 그것이 외부에서 찾아오리라고 생각하지 않으며, 우리 안에 살고 있다는 것을 잘 안다. 우리는 죽음에 가깝게 다가가면서 나타나는 불편과 고통에 저항하지만, 그것 자체에 대해 그렇게 하는 것은 아니다.

우리는 죽음을 받아들인다. 만약 일찍부터 자신을 보호하고 가꾸어나가기 시작했다면, 우리 안이나 곁에 있는 그것을 함께 보살피고 가꾸어가는 셈이 된다. 그것은 우리가 들이마시는 공기요, 우리의 과업이며 진실이다.

우리를 둘러싸고 있는 주변 환경과 진실은 죽음 앞에서 현실성을 잃어버린다. 우리는 그것을 당연하다거나 논란의 여지없이 받아들이지 않는다. 쉽게 받아들였다가 이내 거부하면서 그것에 대해 어느 정도 힘을 발휘한다. 그런 과정을 통해 일상은 오래된 고정 체계가 더 이상 올바른 것으로 받아들여지지 않는 일종의 유희적 초현실성을 띠게 된다. 관점이라든가 강변하던 것이 옆으로 물러서고, 현재에 비해 과거의 기억이 소중한 것으로 떠오르게 되며, 미래에 대해서 이제는 더 이상 심각하게 생각하지 않게 된다.

이성과 유서 깊은 규칙에 의거해서 일상에서의 우리 자세를 살펴본다면, 그것은 결국 책임감도 없고, 별로 진지하지도 않으며, 유희적이며, 이른바 뭇사람들이 쉽게 말하는 '아이처럼 되어버리는' 태도로 나타난다. 그것은 당연하다. 나 역시 아무 생각 없이 부득이하게 유아적 반응을 밖으로 나타내고 있음이 분명하다.

그렇지만 관찰해본 바, 그런 것들이 항상 전혀 아무 생각 없이 통제받지 않은 상태로 나타나는 것은 아니다. 유아적이고 비실용적이고 비효율적이고 유희적인 것을 하는 노인은 완벽한 (혹은 약간 흐릿한) 정신 상태로 그렇게 하고 있는 것이다. 마치 유아들이 인형에게 이야기를 할 때나, 자기 혼자만의 생각으로 어머니의 채소밭을 호랑이, 뱀, 무서운 인디언들이 살아가는 정글로 상상할 때처럼, 노인들은 유희의 쾌락과 비슷한 것으로 그런 행동을 하는 것이다.

요즘 나는 오전에 우편물을 읽고 난 다음 정원으로 나간다. '정원'이라고는 하지만 실제로는 포도나무가 몇 그루 있고 풀이 무성한 가파른 풀밭 정도다. 포도나무들은 삯일을 해주는 사람들의 손길로 잘 자라고 있지만, 다른 것들은 마구 뒤엉킨 채 억세게 자라나 수풀을 이루고 있다.

2년 전까지만 해도 초원이었던 곳이 지금은 풀이 듬성듬성하게 나 있고, 그 대신 아네모네, 둥굴레, 우산나물, 월귤나무가 힘차게 자라고 있다. 그리고 군데군데 나무

딸기와 히스 관목이 있고, 그 사이로 푹신푹신한 이끼가 자라고 있다. 이끼와 또 그것에 더불어 살고 있는 다른 식물들이 초원을 망가뜨리지 않도록 하기 위해서는, 양들에게 풀을 뜯어먹게 하고 땅을 편자로 꼭꼭 밟아주어야 한다. 하지만 우리 집에는 양도 없고, 초원을 유지해줄 비료도 없다. 그래서 월귤나무와 다른 나무들의 질긴 뿌리가 해마다 풀밭으로 점점 더 침범해 들어와 땅을 다시 숲으로 바꾸어버리고 있다.

그날그날 기분에 따라 나는 그렇게 회귀해가는 모습을 때로는 무거운 마음으로, 때로는 즐거운 심정으로 쳐다본다. 어떤 때는 죽어가는 초원에 바짝 다가앉아 무성한 잡초를 갈퀴와 손가락으로 긁어내거나, 잔디밭 속으로 파고든 이끼를 매몰차게 뽑아버린다. 또 월귤나무를 뿌리째 한 바구니 뽑아내기도 한다. 하지만 그런 모든 짓은 나 자신의 위생 관념이나 경제적인 생각에서 그렇게 하는 것이 아니다. 시간이 흐를수록 실용적인 의미가 전혀 없는 은둔자의 유희가 되어버린 이것을, 나는 무슨 효과가 있으리라고 믿지는 않으면서도 굳이 그렇게 해왔다.

눈의 통증과 두통이 성가시게 괴롭힐 때면 나는 신체를 움직여 변화를 꾀해야 할 필요를 느낀다. 그런 목적을 위해 지난 오랜 세월 동안 해오고 있는 정원에서의 작업은 단순히 신체적인 움직임과 긴장감의 해소에만 도움이 되는 것이 아니다. 그것은 일종의 참선 같은 것이고, 상상의 나래를 무한히 펼치는 것이기도 하며, 영혼에 대한 정신 집중이다.

나는 말하자면 초원이 숲으로 되어가는 것을 막기 위해 정원을 찾는다. 또 어떤 때는 스무 해도 훨씬 더 전에 남쪽 지방으로 왔을 때 일구었던 그 땅을 머릿속에 떠올리며 정원을 쳐다보곤 한다.

예전에 초원 옆에 있는 숲과 경계를 짓기 위해 구덩이를 파서 돌들을 무척 많이 끄집어내고 그곳에 나무딸기를 심어놓았었다. 이제는 그 땅이 이끼, 잡초, 양치류, 월귤나무로 뒤덮였다. 그림자까지 드리우는 제법 실팍한 보리수나무까지 자라면서 다시 숲으로 되어가는 조짐을 보이고 있다. 어떤 때는 이끼와 잡초 같은 것들이 무성해지는 것이나 숲에 대해 별로 상심하지 않고, 오히려 식물의 억센 생명력에 경탄하며 그것들을 유쾌한 마음으로 쳐다보기도 한다. 초원에는 아직 활짝 피어나지 않은 채 여전히 봉오리를 닫고 있는, 프리지어의 색깔처럼 연한 미색 잎이 도톰한 어린 수선화가 사방에 가득하다.

나는 정원을 천천히 가로질러 가다가 아직 어린 장미와 새로 옮겨 심은 달리아에 눈길을 던졌다. 아침 햇살이 적갈색의 장미에 투명하게 내비쳤고, 달리아의 줄기가 미끈해 보였다. 그것들 사이에 산나리의 살진 줄기가 강한 생명력으로 곧게 뻗어 올라와 있었다. 문득 멀리 언덕 아래쪽에서 포도밭 주인인 부지런한 로렌초가 물통을 덜거덕거리고 있는 소리를 듣고, 그를 찾아가 정원에 대해 상의해보기로 했다.

나는 손으로 이것저것들을 건드리며 천천히 비탈길을 따라 내려갔다. 몇 년 전에 비탈길에 뿌린 히아신스 씨 수백 개가 올해에는 어떤 모습을 보일까? 나는 궁금한 마음으로 가슴 설레다가, 히아신스가 진노란색으로 활짝 피어난 것을 보고 기뻤다. 그리고 카밀러 꽃들이 넘어져 빨간색으로 뒤덮여 있는 퇴비 더미가 아름답다고 생각했다. 하지만 그 위로 나무줄기가 서로 얽혀 있는 울타리가 군데군데 구멍이 뚫려 있는 모습은 언짢은 기분으로 쳐다보았다.

어쨌든 나는 언덕 아래 채소밭까지 내려가 로렌초에게 인사를 건넸다. 미리 생각해두었던 대로 그와 부인의 안부를 물은 다음, 날씨 이야기를 주고받는 것으로 이야기를 시작했다. 내가 먼저 비가 내릴 것 같다고 말했다. 하지만 나와 나이가 비슷한 로렌초는 삽 위에 몸을 비스듬히 기댄 채 몰려오는 구름을 곁눈질로 보더니, 회색 머리를 가로저으며 오늘은 비가 내리지 않을 것 같다고 말했다. 그러나 장담할 수는 없고 예기치 않은 일이 일어날 수도 있다며, "혹시…"라고 말꼬리를 흐렸다. 그는 다시 한 번 하늘을 향해 고개를 꺾더니 머리를 세차게 흔드는 것으로 날씨 이야기를 매듭지었다. "비는 안 내립니다."

우리는 갓 파종한 양파에 대한 이야기를 했다. 나는 칭찬을 많이 하면서 애초에 원했던 쪽으로 말머리를 돌렸다. 퇴비 더미 곁의 울타리가 더 이상 오래 버틸 것 같지 않아 새로 해야 할 것 같다고 말한 것이다. 그러면서 물론 할 일이 무척 많은 지금 당장 하라는 것이 아니라, 가을이나 겨울에 접어들면 그때 할 수 있지 않겠느냐고 넌지시 운을 뗐다. 그도 그렇게 생각한다면서, 언젠가 그 일을 하게 되면 푸른 밤나무 줄기로 엮어놓은 울타리만 새로 할 것이 아니라 기둥도 함께 해야 할 것 같다고 말했다. 기둥이 얼마간은 그대로 서 있을 것 같기는 하지만, 새로 하는 것이 차라리 더 나을 것 같다고…. 나도 그렇게 생각한다고 맞장구를 쳤다.

나는 이왕 퇴비 더미에 대한 이야기가 나왔으니 말을 이어나갔다. 가을에 퇴비 위에 있는 좋은 흙을 다 가져가지 말고, 몇 수레 분량 정도만 꽃밭을 위해 남겨주었으면 좋겠다고 했다. 이야기는 잘되었다. 우리는 올해에 딸기나무 포기 수를 더 많이 늘리기로 했으며, 울타리 근처에 벌써 몇 년 전부터 그대로 방치되어 있는 딸기밭을 잊지 말고 갈아엎자고도 했다. 그렇게 이야기를 하다 보니, 여름과 9월과 가을을 위해 해야 할 이것저것 유익한 일들이 여럿 머릿속에 떠올랐다. 그렇게 이야기를 나눈 다음, 나는 다시 집으로 돌아갔다. 우리는 서로 나눈 대화 내용을 흡족한 마음으로 받아들였다.

우리 두 사람 다 서로 상대가 한 말에 방해가 되거나, 오해의 소지가 있는 엉뚱한 말은 하지 않았다. 우리는 그냥 원활하게 서로를 믿으면서, 혹은 믿는 듯이 보이면서 이야기의 실마리를 풀어나갔다. 하지만 로렌초도 나와 마찬가지로 선의로 많은 계획을 갖고 이야기를 나누기는 했지만, 그것들이 그의 기억이나 나의 기억 속에 각인되지 않으리라는 것을 두 사람 다 잘 알고 있었다. 늦어도 2주일이 지나면 까맣게 잊어버리리라(그때는 퇴비 더미에 작업을 시작해야 할 즈음이거나, 딸기모를 더 심을 시기에서 한 달 전쯤일 것이다).

비가 내릴 것같이 보이지 않는 하늘 아래에서 나눈 우리의 대화는, 단순히 말을 하기 위한 말이었고 일종의 유희였다. 기분 전환을 위한 오락용 노래라고 할 수 있고, 행동이 뒤따르지 않는 순수한 감성적 행위였다.

나는 한동안 로렌초의 선한 노안을 가까이에서 접하는 것이 즐거웠다. 특별히 진지하게 행동하지는 않지만 예의를 깍듯이 갖춘 그의 말상대 노릇을 하는 것 역시 기뺐다. 우리들은 똑같이 노인으로서 서로에 대한 형제애 같은 것을 갖고 있었다. 둘 중에 한 사람이 어쩌다가 다리를 심하게 절거나 퉁퉁 부은 손가락으로 어려움을 겪으면, 나머지 한 사람은 굳이 말은 하지는 않지만 사려 깊고 이해심 많은 표정으로 미소를 지어주었다. 그리고 상대가 더 이상 곁에 머물 수 없는 날에 대한 때 이른 회한을 가지면서도, 상대보다 좀 더 건강하다는 것에 대해 굳이 싫은 기색을 내보이지도 않았다. 오히려 우리는 그것에 대해 연대감과 연민이 밑바탕을 이룬 흐뭇한 기분을 느끼곤 했다.

잠언

모든 사물들에
형제, 누이가 되어야 한다.
그것들이 당신 안에 온전히 스며들어
내 것과 네 것이 구분되지 않게.

별도, 나뭇잎도 떨어지지 않게 해서
당신이 그것들과 함께 사라져야 한다.
그래야 당신도 그것들과 함께
매순간 다시 부활하리니.

때 이른 가을

어느새 시들어가는 단풍 내음이 그윽하다.
옥수수밭은 텅 비고, 아무 볼 것이 없다.
날씨가 다시 한 번 변덕을 부리면
지친 여름이 한풀 꺾이리라는 것을 우리는 안다.

사향살쾡이가 바스락거린다.
오늘 우리가 손에 쥐고 있다고 생각하는 모든 것이,
꽃들이 모두 황홀하게 피어날 때 문득
우리에게 아득히 먼 전설처럼 보인다.

놀라 소스라친 영혼 속에 희망이 조심스레 피어난다.
존재에 너무 집착하지 않게 되기를,
나무처럼 시들어가는 것을 받아들일 수 있게 되기를,
황혼의 가을날에도 화려한 색깔의 축제가 이어지기를.

사라지는 것들에 대한 단상

 사십 년 전 전쟁을 치르고 천신만고 끝에 몬타뇰라에 왔을 때 몸은 만신창이였지만 나는 새롭게 재건하려는 의욕에 가득 차 있었다.

 당시 몬타뇰라는 포도밭과 밤나무가 울창한 작고 조용한 마을이었다. 마을은 그런 모습을 그 이후에도 오랫동안 간직해왔다. 그러다가 크누트 함순이 《그 무렵의 아이들Børn av Tiden》과 《세겔포스 시Segelfoss By》에 정확하게 잘 묘사해낸 것처럼 마을의 언덕도 큰 홍역을 앓기 시작했다.

 가파른 비탈길에 포도나무와 인동덩굴 울타리 사이로 나 있던 오솔길은 마구 파헤쳐진 채, 그 위로 트럭이 오가며 벽돌과 시멘트를 내렸다. 그 후 얼마 지나지 않아 초원의 들꽃과 포도나무와 무화과나무 대신 요란한 색깔의 작은 집들이 철조망 울타리와 함께 들어섰다.

 그 열기는 도시와 계곡에서부터 계속 위쪽으로 거슬

러 올라왔다. 택지, 신축 건물, 도로, 담, 레미콘 트럭으로 개발의 뜨거운 열기가 솟구쳐 올랐다. 그리고 숲과 초원과 포도밭이 죽어갔다. 건축용 중장비의 소음이 가득했고, 망치질 소리가 요란했다. 사람들이 그렇게 하는 것은 사실 나무랄 것이 못 되었다. 나 역시 십여 년 전에 여기에 터를 잡고 울타리를 쳤으며, 집을 짓고 정원과 길을 만들었다.

그러나 그때만 해도 나는 《그 무렵의 아이들》에 나왔던 사람처럼 하지는 않았다. 마을에서 멀찌감치 떨어진 곳에 정착해 나무를 심고, 잡초를 뽑으며, 멀리 보이는 작은 도시를 약간 자신감에 넘치는 마음으로 내려다보았던 그런 괴팍한 사람이었다.

하지만 그렇게 자신감에 넘치는 마음은 사라져버린 지 이미 오래되었다. 우리가 살고 있던 마을은 시간이 얼마 지나지 않아 《세겔포스 시》가 되어 집이 한 채씩 늘어나고, 길이 사방으로 뚫리기 시작했다. 마을 문이 활짝 열리면서 점점 더 규모가 커져 우체국과 커피숍과 신문 좌판대와 수백 개의 전화선이 들어왔다. 그리고 산책

길은 사라져버렸다. 나 혼자 숨어서 그림을 그리던 곳도, 적막한 쉼터도 모두 사라져버렸다. 변혁의 대물결이 우리를 덮쳤고, 우리가 사는 곳은 더 이상 예전의 그 마을이 아니게 되었다. 전원 풍경도 더 이상 볼 수 없었다.

그렇게 외진 곳에 삼십 년 전에 집을 지었건만 큰 물결이 우리의 발치까지 밀려들어왔다. 초원이 한 필지씩 팔려나갔으며, 분양되고 재건축되었고, 울타리가 둘러쳐지기 시작했다. 아직까지는 비탈길과 좁다란 울퉁불퉁한 길이 우리를 감싸고 있기는 하다. 하지만 우리 집 아래쪽 풀밭에 있는 포도나무들과 다른 몇 그루의 나무들, 그리고 그림처럼 멋진 오래된 마구간이 몇몇 사람들의 구매욕을 불러일으키고 있다. 그들 가운데 일부는 건축가이고, 일부는 투기꾼이다. 가끔 낯선 사람들이 찾아와 그것들을 유심히 살펴보거나, 그곳에서의 경치를 보거나, 멀찌감치 떨어진 곳에서 면적을 어림짐작해보는 모습을 종종 목격할 수 있다.

내일 혹은 모레면 자연과 평화의 그 마지막 여분마저 빼앗기고 말 것이다. 단지 우리 두 늙은이와 우리의 쾌적

한 마음을 고수하고 싶은 생각만으로 이러한 걱정을 하는 것이 아니다. 이곳에 집을 짓고 계획을 하고 많은 것을 설치하여 우리에게 봉토로 넘겨준 사람들, 우리를 아끼는 그 사람들에게 이곳을 아무런 손상 없이 돌려줄 수 없을 것만 같아서 하는 걱정이다.

*

　세상은 우리에게 더 이상 선물을 안겨주지 않는다. 오히려 종종 난폭과 불안만 있는 것처럼 보인다. 하지만 풀과 나무는 여전히 자라난다. 언젠가 땅이 모두 시멘트로 덮여버린다 해도, 조각구름들은 여전히 오락가락 움직일 테고, 이곳저곳에서 인간들은 예술의 도움을 받아 성스러운 것으로 향하는 문을 열어둘 것이다.

3부

관습의 저편에서 부르는 외침

잘 있거라, 사랑하는 세상아

세상이 산산이 부서져 있다.
옛날에는 우리가 그것을 그토록 사랑했었지.
이제는 우리에게 죽음도
그렇게 무서운 것이 되지 못한다.

세상에 대해 너무 절망하지 말라.
세상은 너무나 화려하고 기운차다.
태고의 마술이
아직도 그 모습에 어른거린다.

우리는 감사하는 마음으로
그의 훌륭한 유희에서 떠나가리라.
그것은 우리에게 쾌락과 고통을 주었고
사랑을 듬뿍 주었다.

잘 있거라, 사랑하는 세상아
다시 젊고 멋지게 가꾸거라.
우리는 너의 행복과
근심을 너무나 많이 보아왔다.

*

　세상이 돌아가는 것에 큰 관심이 없는 지친 노인들의 '체념'과 노인의 실제적이고 내면 가장 깊숙한 '믿음'은 서로 구별해주어야 한다. 지친다는 것은 단지 생리적인 현상이다. 물론 내가 요즘 세상과 세상의 악취에서 벗어나고 싶은 생각이 많지만, 그렇다고 그것이 세상과 인간들에 대해 일고의 가치도 없이 절망하고 있다는 뜻은 아니다. 세상의 종말과 끔찍한 것이 다가오고 있음을 예감하지만, 그것도 언젠가는 그 끝이 있을 것이다. 완벽하게 파괴된 세상에서 나중에는 인간에게 가능성과 그리움을 심어주는 모든 것들이 다시 피어날 것이다.

*

　인간이 지혜로운 사람이 되고, 시간이나 인격의 편집에서 벗어난 것을 보는 것보다 더 지고한 볼거리는 세상에 없다.

가끔

가끔 새가 지저귀거나
바람이 나뭇가지에 일렁이거나
먼 마을에서 개 짖는 소리가 들리면
나는 귀를 쫑긋 세우고, 오래 침묵한다.

잊었던 수천 년 전의 시간으로
내 영혼은 도망쳐버린다.
새와 일렁이는 바람은
나와 비슷한 내 형제들이 되고

내 영혼은 나무가 되고
동물이 되고 한 조각 구름이 된다.
변신한 영혼, 낯설어진 영혼이 돌아와
내게 묻는다. 나는 무슨 대답을 해줘야 하나?

관습의 저편에서 부르는 외침

얼마 전에 한 청년이 "늙고, 지혜롭다"라는 말로 운을 떼며 내게 편지를 보내왔다. "저는 선생님을 신뢰합니다"라고 그는 적고 있었다. "선생님께서는 늙고, 지혜롭다는 것을 잘 알고 있기 때문이지요."

나는 마침 여유 시간이 조금 있었던 터라, 다른 수백 통의 편지와 비슷했던 그것을 집어 들었다. 전체적인 내용을 훑는 것이 아니라, 대충 보다가 눈에 들어오는 몇 개의 단어를 보며 그 단어의 속뜻을 곰곰이 가늠해보았다.

분명히 "늙고, 지혜롭다"라고 적혀 있었다. 그것은 지치고 피곤한 노인인 내가 실소하지 않을 수 없는 말이었다. 나는 지금처럼 활동 폭도 좁고 재미있는 일도 별로 없을 때보다, 오히려 할 일이 풍성했던 활기찬 시절에 지혜를 아주 가까이에서 접해보았다고 생각하기 때문이다.

내가 늙은 것은 사실이다. 늙고 쇠잔해지고 실망하고

지쳐 있다는 말은 맞는 말이다. 그렇지만 '늙음'이라는 단어가 전혀 다른 표현이 될 수도 있지 않겠는가! 고어古語, 오래된 집과 도시, 늙은 나무, 유서 깊은 모임, 옛 풍습에 대해서 말할 때의 '늙음'이라는 의미는 사뭇 다르다. 가치 없거나 가소롭거나 경멸스럽다는 뜻을 담고 있지 않다.

사실 나는 '늙음'이라는 의미를 나 자신에게 있어서 단지 부분적으로만 받아들일 수 있을 뿐이다. 대개 나는 그 단어의 많은 뜻 가운데 부정적인 측면만 인정하고 내게 맞는다고 생각하는 경향이 있다. 편지를 쓴 젊은이에게는 '늙음'이라는 말이 회화적이고, 회색 수염이 나고, 잔잔한 미소를 띠고, 약간 감동적이고, 조금은 존경스러운 가치와 의미를 지니고 있었던 것 같았다. 하지만 그런 의미는 나 자신이 아직 늙지 않았을 때 가졌던 생각들이었다. 그렇다면 그 단어를 그런 대로 옳은 것으로 인정하고 이해하면서, 편지의 서두로 제법 그럴듯하다고 받아들일 수도 있었다.

하지만 "지혜롭다"라니! 도대체 그것이 무슨 뜻이란

말인가? 그냥 아무런 의미가 없고, 별다른 뜻 없이 무심히 쓰이는 형용사였다면 차라리 쓰지 않는 편이 더 나았을 것이다. 만약 그렇지 않고 분명한 뜻이 있었다면 그 안에 무슨 뜻이 감추어져 있었을까?

  난 늘 해왔던 방법에 따라 그 단어와 관련을 맺고 있는 것들을 기억해보기 시작했다. 잠시 마음을 진정시킨 후, 방을 왔다 갔다 하다가 '지혜롭다'라는 말을 혼잣말로 다시 내뱉어본 다음, 뇌리에 제일 먼저 어떤 생각이 떠오르는지 궁금해하며 기다렸다. 그런데 정작 전혀 엉뚱하게도 '소크라테스'라는 말이 떠오르는 것이 아닌가?

  따지고 보면 그나마 다행이었다. 그냥 아무런 뜻도 없는 말이 아니라 명칭이 있고, 그 이름 뒤에 어떤 추상적인 것이 아닌 인간의 모습을 한 하나의 인물이 자리 잡고 있었기 때문이었다. 그런데 실재적인 인물인 '소크라테스'와 의미가 묘연한 '지혜'가 무슨 관계가 있단 말인가?

  사실 답은 쉬웠다. 누구나 소크라테스에 대해서 말할 때면, 아무 거리낌 없이 '지혜'라는 말을 함께 해왔기 때문이다. 학교 교사, 강당을 가득 메운 청중에게 말을 하는 연설가, 비평가나 잡문가, 그들 누구나 그렇게 말해왔다. 지혜로운 소크라테스. 소크라테스의 지혜. 혹은 연설가라면 이렇게 표현했을 것이다. 소크라테스와 같은 지혜. 그런 지혜에 대해서라면 나는 더 이상 할 말이 없었다.

그 구절을 상기하자마자, 확신에 찬 인물이었던 소크라테스의 모습이 머릿속에 떠올랐다. 많은 전설적인 이야기들에도 불구하고, 현실이, 진실이 강력한 힘을 내게 발휘했다. 보잘것없이 얼굴이 일그러진 아테네의 늙은이였던 그는 자기 자신의 지혜에 대해 애매모호하게 말했었다. 그는 아무것도, 정말 아무것도 모르고, 지혜라는 술어에 대해 어떤 형태로든지 언급하지 않는 것으로 유명해졌다. 그리고 오히려 그것으로서 강한 인상을 남겼다….

지혜롭지 않았던 늙은 소크라테스 앞에 지혜로운 늙은이가 되어 서 있는 나. 그런 스스로의 모습을 생각하자 거부감이 들고 부끄러웠다. 내가 그렇게 부끄러워 할 이유는 얼마든지 많았다. 술책을 부리거나 까다롭게 굴려는 것이 아니다. 나를 두고 지혜로운 사람이라고 말했던 그 젊은이는 어리석음이나 젊음의 무지 때문이 아니라, 나의 많은 시구를 통해 그렇게 생각하게 되었을 것이다. 내가 쓴 시구에는 이른바 교훈과 연륜에 따른 지혜가 스며 나오는 경험과 사고가 깃들어 있고, 그것이 그를 유인하고 그렇게 할 근거를 마련해주었을 것이다.

하지만 스스로 생각하기에, 내가 시로 표현했던 '지혜'의 대부분에 자신이 없었다. 그래서 의구심을 품어보고, 심지어 취소하거나 부인해보기도 했다. 하지만 평생 부정보다는 긍정을 더 많이 했고, 투쟁하기보다는 침묵을 지켰다. 또한 좀 더 많은 경우에 그것에 동의를 했으며, 종종 영혼과 믿음과 언어와 관습의 전통에 경의를 표했다.

내 작품 속에는 관례적인 종교화의 장식과 구름의 균열, 묵시록적인 느낌이 들게 하는 균열로, 금방이라도 뇌우가 휘몰아칠 것 같은 분위기가 여기저기 분명하게 표현되어 있다. 작품 곳곳에 인간에게 가장 안전한 보금자리는 가난이고, 인간의 진정한 식량이 허기라는 내 생각이 나타나 있다. 그러나 모든 것을 다 종합해 생각해보면, 다른 모든 사람들처럼 나도 정형화된 세상과 전통에 눈길을 돌리고 싶어 했다.

  끔찍하게 아름답거나 축복할 만하거나 치명적인 순간은 말로 다 표현될 수 없다. 그렇기 때문에 나는 말이 더 이상 아무 소용이 없고 포기되는 경험 속에서, 마술적인 언어의 유희와 위안을 추구하고, 소나타, 푸가, 묵시록적인 불길 속의 심포니를 선호했다. 내게 편지를 보낸 그 청년이 내 안에서 지혜로운 사람(아무것도 알지 못하는 소크라테스가 아니라 교수나 잡문가의 의미에서)을 발견했다면, 내가 그에게 그런 근거를 충분히 마련해준 셈이었다….

  "늙고, 지혜롭다"라는 단어의 의미를 파악하려는 노력이 내게 남겨준 것은 거의 없었다. 나는 편지를 어떤 식으로든 이해해보고 싶어서 우회적인 방법을 사용해보기로 했다. 단어 하나하나에 신경을 쓰지 않고, 젊은이가 편지에 쓰고 싶어 했던 전체적인 내용을 살펴보기로 한 것이다. 편지를 쓴 이유는 겉으로 보기에 아주 간단했기 때문에 대답도 쉬울 수 있었다. "삶이 의미가 있다면 차라리 머리에 총알을 박는 편이 더 낫지 않을까요?"

언뜻 보기에는 그 질문에 대답할 것이 별로 많아 보이지 않았다. 가령 이런 대답을 할 수 있을 것 같았다. "아닐세, 젊은이. 삶은 의미가 없네. 그러니까 이렇게 저렇게 해보는 편이 더 낫겠지." 혹은 다음과 같이 말했을 수도 있었다. "삶은 물론 의미가 있네. 그렇기 때문에 권총으로 도망치려는 것은 말도 안 되는 일이지." 또 이렇게 말할 수도 있었다. "비록 인생이 의미가 없기는 하지만, 그렇다고 해서 스스로 자살을 할 필요는 없지." 혹은 이렇게. "삶은 그것 나름대로 좋은 의미가 있기는 하네. 그러나 그것의 좋은 뜻을 따라가거나, 혹은 머리에 총을 쏘는 것보다 더 나은 행동을 하여 그 의미를 알아내는 것도 아주 어렵네."

그런 것들이 언뜻 보기에는 젊은이에게 해줄 수 있는 모든 가능한 답변인 것 같았다. 그렇지만 혹시 또 다른 것은 없는지 생각해보니, 네 개나 여덟 개가 아니라 수백, 수천 개의 답변이 생각났다. 하지만 그 편지와 그것을 쓴 사람에게는 사실상 오직 하나, 자유로 향할 수 있는 단 하나의 해결책만이 그를 궁지에서 벗어나게 할 수 있을 것이라고 누군가는 말할 것이다.

그 하나의 답을 찾는 데에 지혜와 나이는 아무런 도움이 되지 않는다. 편지의 질문은 나를 캄캄한 어둠 속으로 밀어넣었다. 내가 알고 있는 지혜, 혹은 나보다 나이가 더 많은 사람과 경험이 풍부한 상담자들이 알고 있는 지혜는 책이나 설교나 연설이나 글에는 훌륭하게 사용될 수 있다. 하지만 그런 지혜는 이와 같이 실제적으로 다가선 사람에게는 쓸모가 없다. 나이와 지혜를 과대평가하고, 대단히 심각하며, "당신을 신뢰합니다"라는 간단한 말로 모든 무기와 술책을 내게서 빼앗아간 그런 정직한 사람에게는 어울리지 않는 것이다.

유아적이면서도 심각한 그 질문에 어떻게 답변할 것인가?

편지를 읽을 때 섬광 같은 뭔가가 번쩍하는 듯했다. 그것은 이해력보다는 느낌을 통해, 경험이나 지혜보다는 위나 교감신경을 통해 느끼고 받아들일 수 있는 무엇이었다. 진실 같은 것, 뇌우가 몰아치기 전 구름 사이로 틈이 벌어지면서 번쩍이는 번개 같은 것, 관습과 평안의 저편, 그 너머에서 부르는 소리 같은 것이었다. 그것에 대해 할 수 있는 것은 많지 않았다. 스스로 몸을 낮추거나 침묵하는 것, 혹은 그 부름을 받아들이거나 순종하는 것 말고는 별다른 방법이 없었다.

어쩌면 내게 아직 선택의 여지가 남아 있는지도 모른다. 나도 그와 마찬가지로 아는 것이 거의 없어서 그 딱한 젊은이를 도와줄 수 없으니, 그 편지를 다른 많은 편지가 놓인 자리의 제일 밑으로 집어넣어버리는 것이다. 그러면 편지가 그 밑에 들어 있다는 것을 어렴풋하게 기억하다가 차츰 완전히 잊어버릴 것이고, 그렇게 편지는 사라져버릴 것이다.

하지만 그런 생각을 하는 동안에도 나는 회신을, 그것도 제대로 된 답장을 해주어야 비로소 그것을 잊을 수 있다는 것을 알고 있었다. 내가 그렇게 알고 있고 그렇다고 확신하는 것은 경험이나 지혜에서 비롯된 것이 아니다. 그것은 부름의 힘, 진실과의 만남에서 비롯된 것이다. 내가 답변을 퍼올릴 수 있는 그 힘은 나 자신이나 경험, 영특함이나 연습, 박애주의에서 나오는 것이 아니다. 그 힘은 편지가 내게 안겨준 진실 자체, 작은 진실 조각 하나로부터 나온다. 다시 말해 그 편지에 대한 답변을 하게 만드는 힘은 그 편지 속에 들어 있으므로, 젊은이가 스스로 대답을 할 수 있다는 말이 된다. 만약 그가 늙고 지혜로운 돌처럼 굳은 내게 불꽃을 튀게 했다면, 그것은 사실 그의 망치이고, 그의 일격이며, 그의 괴로움이고, 그의 힘일 뿐이다.

그동안 이런 편지를 수없이 많이 받아왔고 또 읽었다. 때로는 답변했고, 때로는 답변하지 않았다는 것을 굳이 숨기고 싶지는 않다. 다만 괴로움의 정도가 항상 같지는 않았다. 불쑥 그런 질문을 하는 사람들이 항상 강하고 순수한 영혼만은 아니었고, 심하지 않은 고통과 심하지 않은 체념으로 제법 여유가 있던 젊은이들도 있었다. 혹은 내 결정에 모든 것이 달려 있다고 말하는 사람들도 있었다. 내가 "그래"라고 하면 곧 구원이 되고, 내가 "안 돼"라고 하면 죽겠다는 말이었다. 비록 비장하게 들리기는 했지만, 그것이 나의 나약한 면에, 나의 허영심에 호소하고 있다는 것을 느낄 수 있었다.

이 편지를 쓴 사람은 내가 그렇게 하라고 해서 구원이 되는 것도 아니고, 내가 안 된다는 말을 한다고 해서 죽지도 않을 것이다. 그는 문제를 계속 키워나가면서 이른바 '늙고, 지혜로운' 많은 사람들에게 똑같은 질문을 던지고, 그들이 들려주는 대답에 가끔은 위로를 받기도 하고, 가끔은 흥미로워하면서 그것들을 차곡차곡 모아둘 것이다.

만약 오늘 내가 그 편지를 쓴 사람이 그런 사람이 아닐 거라고 생각하고, 그의 심정을 심각하게 받아들여 신뢰에 대한 화답으로 그를 도울 수 있게 되기를 희망한다면, 그것은 내가 아니라 그 자신을 통해서 이뤄질 것이다. 내게 손을 뻗었던 그의 힘, 나의 인습적인 연륜의 지혜를 뚫고 지나가는 그의 진실, 나를 순수로 강요하는 그의 순수함 말이다. 그것은 어떤 덕망이나 이웃에 대한 사랑, 혹은 박애주의를 좋아해서가 아니라, 긴 한숨을 내쉬고 나면 어떤 세계관을 갖고 있든지 간에 다시 숨을 들이켜야 하는 것과 같은 이치다. 일부러 그렇게 하려고 하지 않아도 그것은 저절로 이루어진다.

만약 내가 뇌우가 휘몰아치기 전에 섬광이 번득이듯 진정한 삶을 환하게 느끼고 흥분한 채, 답답하기는 하지만 서둘러 무슨 일이든지 해야만 한다면, 난 이 편지에 더 이상 골몰하거나 의구심을 가질 필요가 없다. 또한 편지의 의미를 파악하기 위한 일체의 노력을 하거나 어떠한 판단도 내릴 필요가 없다. 그의 부르짖음에 대해 내 충고나 내 지식을 들려주는 것은 도움이 되지 않는다. 도움이 될 수 있는 유일한 것은 그 젊은이가 듣고 싶어 하는 대답을 해주는 것이다. 그것은 그가 도움을 요청한 고민에 대한 답이 결국 자기 자신이 해줘야 하는 답이라는 것을 뜻한다. 다만 그것을 다른 사람의 입을 통해 듣고 싶은 것이다.

편지를 쓰는 사람이 아무리 절실하고 급박한 어려움에 처해 있더라도, 편지는 관습적인 기호로 표현되어야 한다. 그렇기 때문에 미지의 사람의 질문이 편지가 되어 수신자에게 전달되기까지에는 많은 것이 필요하다. 그는 "삶이 의미가 있나요?"라고 물었다. 그것은 어린아이가 세상을 살아가느라 심한 몸살을 앓는 것처럼 모호하고 어리석은 질문이다.

   그가 말하고자 한 것은 일반적인 삶이 아니었다. 그에게 있어서 그것은 철학이나 교리나 인권과 관련된 것이 아니라, 오직 유일한 자기 자신의 삶이었다. 이른바 나의 지혜로부터 어떤 교훈이나 삶에 의미를 부여하는 지침을 듣고자 한 것이 아니었다. 그는 실제로 존재하는 사람으로부터 잠시 주목을 받고, 그것으로서 이번의 난관을 극복하려는 생각이었다. 내가 만약 그에게 그런 도움을 줄 수 있다면, 그를 도와주는 것은 나 자신이 아니라 그의 괴로운 처지일 것이다. 잠시 동안이나마 내게서 늙음과 지혜의 옷을 벗겨내고 이글이글 끓어오르는 엄연한 진실을 마주하게 한 그의 처지 말이다.

*

나이는 우리가 맞서 싸워야 할 적이 아니다. 더욱이 부끄러워해야 할 적도 아니다. 그것은 토사가 흘러내려 우리를 덮어버리는 큰 산이고, 서서히 새어나와 우리를 질식시키는 가스다.

8월 말

우리가 이미 포기했던 여름이
다시 한 번 거친 숨을 토해낸다.
짧아지는 낮에 햇살은 따갑게 쏟아지고,
구름 한 점 없는 뜨거운 태양으로 이글거린다.

온갖 노력 끝에 사람도 그렇게 되리라.
실망하여 뒤로 물러섰다가도
불현듯 믿음에 가득 차
삶의 끄트머리에 불끈 일어서는.

사랑에 푹 빠지든
최후의 작품에 몰두하든
그의 행동 속, 쾌락 속에는 가을 하늘처럼 청명하고,
뿌리 깊은 끝에 대한 자각이 이미 숨어 있다.

*

　병이 들고 사망하는 것은 젊고 건강하고 만족한 삶을 살아가는 사람이 아니라 노인에게 일어나야 하는 일이다. 사람은 자연의 법칙이 결코 다정하고 관대하게 전개되지 않는다는 것을 잘 알고 있다. 그렇기 때문에 그런 것들에 저항하고 충격을 받으며, 그것들을 잔인하고 자연스럽지 않은 것으로 받아들인다.

　그러나 대개의 경우 사람들은 자연의 부드럽고 유쾌한 속성에 집착해 자연을 어머니, 보호자, 생동감이 넘치는 친구로 인식한다. 그러다가 그것이 예쁜 겉모습을 버리고 사나운 앞발을 들어 우리 가운데 누군가를 거칠게 공격하면 기겁하며 놀란다. 마치 아름다운 공상과 상상에 빠져 있는데 누군가 거칠게 뒤흔들어 잠을 깨운 것처럼.

*

　살아남고, 위기를 극복해낸 것에는 뭔가 특별한 점이 있다. 그것은 고목의 굽은 나뭇가지의 몸짓에서 나는 것과 같은 냄새를 풍긴다.

*

 남자의 육체는 너무 상대적인 것이어서 종종 부담을 준다. "세상의 눈을 극복하는 것"은 단순한 상황이 아니라 반드시 해야 할 행동이며, 가끔은 언제나 자기가 승자가 되지 않는 전투다.

*

 나이에 맞서 싸우는 전투, 제압당해도 경우에 따라 이길 수 있는 그 전투에서 힘과 인내가 함께하기를.

싹이 움트는 나뭇가지

언제나 흔들흔들
바람 속에 싹이 움트는 나뭇가지.
언제나 두근두근
내 심장은 어린아이의 것처럼
밝고 어둔 날들 사이에서,
의지와 체념 사이에서.

꽃봉오리 흩날릴 때까지
가지에 매달린 열매,
심장이 유년기를 지나
휴식을 취할 때까지
완벽한 쾌락과 절대 포기하지 않음을 알고
쉴 새 없었던 인생이라는 놀이.

가을 경험

올해의 잊지 못할 여름은 내게는 하나의 선물이며 축제였고, 가슴으로 뜨겁게 느낀 경험이었다. 그러나 고통과 일이 풍성했던 한 해도 끄트머리를 향해 다가가면서, 유쾌하고 은혜롭고 명랑한 분위기를 조금씩 잃어버리면서, 갑자기 우울함과 분노와 짜증에 휩싸이기 시작했다. 심지어 권태와 죽음을 받아들이려는 마음의 다짐까지 하고 있는 것 같다.

하늘에 별이 총총 떠 있는 밤중에 침대에 누우면, 때때로 희미하고 뿌옇게 병든 빛이 아침에 나를 맞는다. 테라스는 젖어 있고, 하늘은 축축한 한기를 내뿜으며 잠자는 듯 움직이지 않는 갖가지 모양의 구름들을 계곡 저 아래까지 걸쳐놓는다. 금방이라도 빗줄기를 쏟아부을 것처럼 보인다.

여름의 충만함과 안정감을 한껏 들이켰던 세상이 근심스러워 한다. 숲과 풀밭은 보통 때 같으면 불에 타 없어져버렸거나 누렇게 변했을 텐데 여전히 짙은 초록색으로 물들어 있다. 그럼에도 을씨년스럽고 씁쓸한 가을과 부패와 죽음의 냄새를 물씬 풍긴다. 그렇게 기운차고 기세 좋던 늦여름이 병에 들어 지쳤고, 변덕을 부리기 시작했으며, 슈바벤 사람들이 쓰는 표현처럼 "쭈글쭈글" 사그라들고 있다.

그러나 아직까지는 그런 대로 살아 있다고 말할 수 있다. 점점 이완되어 사라져가고 마음이 우울하게 되는 이즈음이면, 지난날로 되돌아가려 하고, 다시 꽃을 피워내려 하고, 회귀하려 하는 움직임이 새삼 이어진다(그런 것이 종종 몇 시간 동안에 불과할 때도 있지만). 그렇게 피어나는 것들은 특별하고 감동적이다. 거의 두려움에 가까운 아름다움이랄까. 그것들은 여름과 가을, 힘과 고단함, 삶의 의지와 나약함이 기가 막힌 조화로 잘 섞여 있는 빛나는 9월의 미소가 된다. 그렇게 여름은 쇠잔해가는 아름다움으로 천천히 한숨을 몰아쉬고, 지친 몸을 추스르며 간신히 버틴다.

먼 산꼭대기에 보이는 부드럽고 청명한 햇살이 조심

스럽게 번져간다. 저녁 무렵 세상과 하늘은 더욱 조용하고 차분하며 서늘하다. 그것들은 앞으로도 오랫동안 맑은 날이 이어지리라는 약속을 해준다. 그러나 밤이 지나고 나면 그 모든 것이 다시 사라져버린다. 아침이 되면 촉촉한 물기를 머금은 무거운 바람이 빗방울 뚝뚝 듣는 풍경 위로 걸쳐지고, 저녁의 여유 있는 미소는 어느새 잊혀버린 채 향기로운 색깔들이 지워진다. 전날 전투에서의 승리의 쾌감과 용맹함은 피곤에 지쳐 다시 꺼져버린다.

그런 혼선과 기괴한 변화를 불편하고 불안한 마음으로 지켜보는 것은 단순히 나 자신 때문만은 아니다. 물론 그런 변화로 인해 이제는 집 안에 틀어박혀 지내야 된다는 생각이 드는 것이 사실이다. 하지만 그러한 단순한 개인 일상의 변화를 넘어, 청명한 하늘과 약간의 온기가 아쉬운 중요한 일도 있다. 바로 슈바벤에 사는 옛 친구의 방문 계획이다. 그동안 여러 차례 약속을 미루어왔던 친구가 이제 며칠만 지나면 마침내 찾아오기로 되어 있다. 그 친구는 하룻저녁만 있다가 다시 떠날 계획이기 때문에, 날씨가 궂으면 음습한 날에 잠시 머물다가 이별을 해야 하는 딱한 방문이 되고 말 것이다. 그래서 나는 자꾸 오락가락하는 변덕스러운 날씨를 근심 어린 눈으로 줄곧 쳐다보았다.

요즘은 오랫동안 집을 비우는 아내 대신 아들이 집에 와서 숲과 포도밭으로 나를 부축해주기도 하면서 도와주고 있다. 나는 일상적인 일들을 해나가면서 오랫동안 만남을 고대해왔던 친구에게 주고 싶은 선물을 미리 골라놓았다. 또한 저녁이 되면 아들에게 나의 설레는 마음과 우리의 우정에 대해 조금씩 말해주었다. 훌륭한 정신적 지주로서 사랑과 존경을 받고 있으며, 학식 있는 사람들로부터 좋은 전통의 맥을 이어가는 사람으로 평가받고 있는 그 친구의 업적과 인물됨에 대해서도 이야기해주었다.

내 친구 오토는 남부 지방에 오랫동안 와보지 않았을 테고, 내 집과 정원과 호수가 내다보이는 전경도 미처 보지 못했다. 그가 축축하고 음습한 비 오는 날에 추워서 오들오들 떨면서 그 모든 것을 봐야만 한다면 내 가슴은

참으로 아플 것이다.

그런데 사실 나는 가슴을 더욱 옥죄고 수치심을 불러일으키는 또 다른 사념들 때문에 괴로워하고 있었다. 젊은 시절부터 친구였던 그는 과거에 변호사로 있다가 시장을 지냈다. 그 이후 줄곧 몇 가지 중요한 명예직을 수행하면서 소일하고 있다. 그는 한 번도 좋은 여건에서 살아본 적이 없었고, 히틀러 독재 시절에는 전향하지 않은 채 대가족을 부양하며 배고픈 시절을 보냈다. 그 후 전쟁이 일어나고 폭탄이 터지자, 집도 재산도 없이 갖은 고생을 했다. 그럼에도 그는 힘든 시절을 꿋꿋한 의지로 개척해나갔다.

그런 그가 온갖 편의를 누리며 살아가고 있는 내 모습을 보면 기분이 어떨까? 나는 전쟁에서 아무런 상처도 입지 않은 채, 이곳에 서재가 두 개나 있고, 집 안에 잔심부름꾼까지 두고 있다. 많은 것들이 내게는 꼭 필요하다고 생각되지만 그가 보기에는 사치스러워 보일 수도 있다. 물론 그는 내가 살아온 내력에 대해 어느 정도 알고 있고, 때로 지나치다 싶은 이런 모든 안락함이 오랫동안 힘겨운 고통을 겪고 난 이후 움켜쥔 것임을 잘 알고 있다. 친구 가운데 가장 호탕한 성격인 그가, 내가 사는 모습을 보고 부러워하지는 않을 것이다. 하지만 내게는 꼭 필요한 것처럼 보이는 물건들에 대해 혹시 지나치고 불필요하다고 생각하면서 슬며시 새어나오는 웃음을 억지로 참게 되지는 않을까?

인생이란 참으로 이상하다. 전에 나는 가난하고 다 떨어진 바지를 입고 있다는 이유 때문에 부끄러워했는데, 이제는 이런 안락한 생활을 누리고 있다는 것 때문에 수치심을 느끼니 말이다. 그것은 이민자와 망명객에게 잠자리를 내줄 때 처음으로 느꼈던 감정이었다.

아들에게 나는 우리가 언제 어디에서 서로 처음 만났는지 말해주었다. 61년 전, 그때도 가을이었다. 우리는 각자 어머니의 손에 이끌려 마울브론 수도원 학교에 학생으로 들어갔다. 그 입학식은 슈바벤에서 익히 잘 알려져 있었는데, 전에 내 작품 가운데 하나에 소상하게 묘사하기도 했다. 그때 오토와 나는 같은 반이기는 했지만 아직 친구 사이는 아니었다. 나중에 다시 만나서야 비로소 친구가 되었고, 그 이후 공고하고 변함없고 진한 정이 흐르는 우정의 싹을 틔워나갔다.

그 친구는 시 창작에 깊은 관심이 있었다. 그는 그쪽으로 아는 것이 많았던 선친으로부터 많은 것을 대물림 받았고, 평생 그것을 잘 가꾸고 단련시켜왔다. 그와 추억을 함께했던 작가인 나는, 작품과 인간적인 면에서 그를 더욱 간절한 마음으로 기다렸다.

그 친구는 감탄스럽고 부럽게도 고향 땅에 깊이 뿌리를 박은 채 살아가고 있었다. 그리하여 워낙 조용하고 안정된 성격의 그는 나에게는 없는 넉넉함마저 갖게 되었다. 그는 국수주의라면 어떤 형태든 소원하게 대했고, 이른바 '애국한다'는 너스레와 허풍에 대해 나보다 더 민감하게 반응했다. 그러나 그는 자기가 살고 있는 슈바벤의 풍경과 역사, 언어, 문학, 속담, 습관에 완전히 뿌리를 깊게 박은 채 살아갔다. 그 결과 은밀한 것, 성장과 삶의 원칙, 토속적인 질병과 위험에 대해 자연스럽게 많은 것을 알게 되었고, 경험과 연구를 통해 많은 지식을 얻게 되었다. 말로만 애국, 애족을 한다는 사람들로부터 많은 부러움을 샀음은 물론이다. 내가 보기에도 그는 최고의 슈바벤 전통을 가장 잘 이어나가고 있는 특별한 사람이었다.

마침내 그가 도착했다. 감격에 찬 재회의 순간이 이어졌다. 그는 조금 더 늙어 보였고, 지난번에 만났을 때보다 행동이 약간 더 느릿해진 것 같았다. 그렇지만 전에 늘 그랬던 것처럼, 나와 나이가 같은 것에 비해 놀랄 만큼 건장하고 정정했다. 그는 숱한 여행으로 단련된 튼튼한 두 다리를 내보이며 내 앞에 당당하게 나타났다. 나는 그의 옆에 서면 쓰러질 듯 약하게 보였다.

그는 선물 꾸러미도 한 아름 들고 왔다. 슈바벤에 사는 내 친척들이 그를 통해 보낸 무거운 꾸러미 속에는 1890년부터 1948년까지 내가 누이동생 아델레에게 보냈던 편지들이 거의 모두 들어 있었다. 그는 지난 시절에 대한 이야깃거리만 가져온 것이 아니라, 농축된 기록, 지난 세월의 흔적까지 가방 속에 가득 담아왔다. 나는 그를 위해 마련해놓았던 선물이 전혀 쓸모 없는 것으로 느껴지기마저 했지만, 그가 도착하자마자 수치심은 온데간데없이 사라졌다. 즐겁고 유쾌한 기분으로 그에게 우리 집을 이곳저곳 보여주었다. 우리는 서로 흐뭇해했다. 그는 기분 좋을 만큼 들떠 있었으며, 나와 함께 지난 어린 시절과 청소년 시절로 되돌아갈 수 있었다.

나는 다음 날 아침 곧장 떠나기로 했던 그를 만류해 결국 하룻밤 더 묵고 가도록 했다. 그는 내 아들을 대할 때는 예의가 깍듯하고 좋은 노인으로 처신했다. 일흔일 곱의 나이에 새로 사람을 만나는 것이 전혀 부담되지 않고 흥분되는 기쁨인 양 행동했다. 마르틴도 특별하고 소중한 분을 만나뵙게 되었다는 것을 느끼고, 우리가 집 앞에서 담소하는 모습을 자주 카메라에 담았다.

이 글을 읽게 될 사람들 가운데 나처럼 나이가 많은 사람은 몇 명 되지 않을 것이다. 그래서 지난 시절에 대한 소중한 추억의 뚜껑을 열어 그 안을 환히 비춰주는 물건이 우리같이 나이 든 사람, 젊은 시절을 보냈던 곳에서 멀리 떨어져 살아가고 있는 사람에게 어떤 의미가 있는지 잘 알지 못하리라. 오래된 가구, 색 바랜 사진, 다시 펼쳐 든 편지에서 발견하는 낯익은 글씨체와 편지지, 그 안에서 찾아볼 수 있는 익살스러운 별명이나 친근한 말들

(요즘에는 아무도 이해하지 못하고, 발음도 이상해 우리 자신조차 간신히 기억을 더듬어야만 알 수 있는 말들)….

그러나 그런 지난 시절의 물건들보다 훨씬 더 소중한 것은 친구와의 대면이다. 소년기와 청소년기를 같이 보내고, 이미 작고한 지 오래된 은사님을 서로 기억하며, 자신은 까맣게 잊어버린 것을 아직 기억 속에 고이 간직한 채 살아가고 있는 그이 말이다.

친구와 나, 우리 두 사람은 서로의 얼굴을 찬찬히 들여다보았다. 희끗희끗한 머리카락, 주름이 잡히고 눈썹이 뻣뻣해 보이는 피곤한 눈매를 서로 쳐다보면서 상대에게서 오늘 이전의 그 옛날을 더듬어보았다. 두 명의 노인이 서로 말을 나누고 있는 것이 아니라, 학생 오토와 학생 헤르만이 소복이 쌓인 세월의 먼지를 걷어내고 마주하고 있는 것이다. 열네 살의 학교 친구를 앞에 둔 채 어린 시절의 음성을 그대로 듣고, 학교 의자에 앉아 얼굴을 찡그리고 있는 모습이 머릿속에 떠올랐다. 머리카락을 흩날리며 반짝반짝 빛나는 눈망울로 공놀이와 뜀박질을 하는 모습이 그려졌다. 그리고 어린아이 같은 얼굴에서 아름다운 것과 영적인 것의 때 이른 교감을 보고 경건한 마음과 감격의 설렘을 느끼기도 했다.

덧붙여 말하자면 대부분의 많은 사람들이 젊은 시절에는 별다른 의미를 느끼지 못했던 역사를 노인이 되어 새삼 의미 있게 생각한다. 그것은 그동안 수많은 일을 겪고 경험하면서 인간의 얼굴과 영혼에 쌓아올려진 여러 겹의 층으로부터 나온 앎에서 기인한다. 굳이 의식적으로 그런 것은 아니지만 노인들은 모두 역사적으로 생각한다. 그들은 젊은이들에게 잘 어울리는 제일 위쪽에 있는 표면에 대해 별로 만족스러워 하지 않는다. 과거를 그리워하거나 상환받고 싶어 하는 것은 아니지만, 그 아래에서 현재를 비로소 중요하게 만들어준 경험이 쌓아올려진 세월의 무게를 인정하고 싶어 하는 것이다.

어쨌든 첫날 저녁은 한바탕 축제 같았다. 젊은 시절의 기억만이 아니라 마울브론에서 같이 지냈던 친구들의 생활과 근황, 혹은 얼마 전에 한 친구가 맞이한 순조로운 죽음 등, 우리는 할 이야기가 많았다. 슈바벤과 독일에서의 문화생활에 대한 일반적인 얘기도 했으며, 유명한 사람들이 한 일과 그들이 처한 어려움에 대해서도 말했다.

우리는 대체로 기분이 유쾌했다. 심지어 심각한 것에 대해 말할 때도 나이 든 사람들이 실제적인 것들에 대해서 당연시하고 쉽게 받아들이는 것처럼, 약간의 거리를 유지하면서 유희를 하듯 말했다.

은둔자처럼 살아가고 있던 내게는 많은 것들이 몹시 흥분되는 이야기들이었다. 그래서 나는 평상시보다 더 오랫동안 식탁에 앉아 있으면서 세 시간 동안이나 말을 하거나 상대의 말을 들었다. 고향에서 날아온 소식들로 가슴이 따뜻해지거나 케케묵은 기억의 수풀 속을 헤매기도 하면서, 나는 잠을 잘 이루지 못하리라는 느낌이 들었다. 그 예감은 맞아떨어졌다. 그렇지만 나는 아름다운 경험에 대해 대가를 치를 각오가 얼마든지 되어 있었다. 다만 아침이 되자 몸이 좋지 않아 아들의 정성어린 도움을 받아야만 했다. 친구는 언제나 그런 것처럼 기분이 좋아 보였다. 나는 그가 병에 걸리거나, 신경증 증세를 보이거나, 언짢아하거나, 피곤에 지친 모습을 단 한 번도 본 적이 없었다.

아침 시간을 아주 조용히 보내면서 약을 한 봉지 먹었더니 점심때쯤 차츰 기운을 차릴 수 있었다. 다행히 날씨가 좋아서 우리는 손님을 모시고 언덕을 한 바퀴 드라이브할 수 있었다. 그는 건장한 모습으로 모든 것을 다 소화해낼 수 있을 듯한 모습이었다. 내 곁에 있는 그런 그를 보는 것이 부럽다거나 나를 부끄럽게 하지는 않았다. 다만 그에게서 풍겨나오는 평안함과 깊은 연륜에서 나오는 기운이 내게까지 미치는 것이 고마울 뿐이었다. 우리가 그렇게 서로 다른 성격과 체질과 재능을 갖고 있는 것이 참으로 아름답고 좋아 보였다.

더욱 흡족한 것은 우리 두 사람 모두 자기 자신에 대해 충실하게 살아와서 자연이 우리에게 허락해준 바로 그 사람들이 되어 있다는 점이었다. 여유 있고 건장한 사람은 시와 학문에 대한 강한 열정을 가진 채 공직에 몸을 담았고, 신경이 예민하고 쉽게 피로감을 느끼며 숫기가 없던 사람은 조용한 문학가가 되었으니 말이다. 모든 것을 감안해본다면 우리 두 사람 모두 자신에게서 요구할 수 있고, 세상에 진 빚을 갚을 수 있을 만한 사람으로 성장했다고 말할 수 있었다. 오토의 삶이 더 행복했을 수도 있지만, 두 사람 모두 '행복'에 대해서는 많은 생각을 하지 않았다. 어쨌든 행복은 우리가 쏟은 노력의 목표가 아니었다.

한편 생각해보면 내가 그보다 조금 빠른 것도 있었다. 그보다 3개월 먼저 태어났고, 일흔다섯 번째 생일 파티도 이미 성대하게 치렀다. 그때 감사의 인사를 표하기는 했지만, 파티가 벌어지고 있던 자리에 직접 나서는 것만큼은 이해심 많은 사람들 덕분에 면할 수 있었다. 건강한 슈바벤 친구는 그 모든 것을 굳이 생략하지 않아도 잘해낼 수 있을 것이다. 머지않아 힘든 행사 준비도 시작해야만 할 테지만, 그것은 그에게 전혀 어려운 일이 아닐 것이고, 존경에 가득 찬 선물도 많이 받게 될 것이다.

그 친구를 위해 미리 준비한 내 선물은 이미 슈투트가르트에 사는 친구에게 맡겨져 있다. 작은 그림책이다. 앞으로 다가올 그 행사를 그가 나보다 더 잘 치러내리라는 것에 대해 나는 조금도 의심치 않는다. 그가 위엄과 멋을 간직한 채 축하 프로그램을 참관하고, 감사패도 받으며,

수많은 사람들의 악수와 인사에 응대하리라는 것이 쉽게 상상되었다.

그가 나처럼 따가운 스포트라이트를 받지 않았던 것은 '사람들에게 많이 알려진 사람은 칭송도 많이 듣는다'라는 유명한 말을 삶의 격언으로 삼지 않았기 때문이다. 그는 나치 이외에 싫어하는 적들도 꽤 많았고, 여러 가지 많은 난관을 극복해야만 했다. 하지만 그럼에도 그는 많은 사람들을 알고 있었던 터라 충실하고 부지런히 살아온 인생의 황혼기에 많은 지식인들에게서 슈바벤에서 빼놓을 수 없는 정신적 지도자로 인식되었다.

우리는 곧 다가올 그의 영광스러운 그날에 대한 이야기는 하지 않고, 어려운 시절 그에게 많은 지원을 해주고 큰 힘이 되어 주었던 사람들이 함께하는 고향에서의 문화생활에 대한 이야기를 했다. 또한 부인들에 대해서도 이야기를 조금 나누었다. 그의 아내가 최근 심하게 병을 앓았다는 것과 나의 아내가 몇 주 전부터 가슴 벅찬 휴가를 즐기면서 늘 그리워했던 이타카와 크레타와 사모스를 연이어 찾아가고 있는 중이라는 말을 했다.

마지막이었던 둘째 날 저녁 시간도 유쾌하게 흘러갔다. 경험을 통해 빚어진 친구의 좋은 말들에서 고귀한 어구들이 많이 쏟아져나왔다. 그는 아주 솔직했고, 유창한 재담가답게 어휘를 천천히 신중하게 고르면서 별 어려움 없이 말을 잘 이어나갔다.

예정했던 것보다 조금 더 늦게 우리는 작별의 인사를 나눴다. 그는 다음 날 새벽 내가 미처 잠자리를 털고 나오지도 못할 시각에 출발할 예정이었고, 아들이 정성을 다해 배웅하기로 했다. 헤어질 때 우리는 둘 다 머릿속에 '이번이 마지막이겠지'라는 말을 떠올렸을 테지만 그 말은 하지 않았다. 다만 서로의 얼굴만 쳐다보며 웃을 뿐이었다.

비 오는 날씨는 점점 더 음울한 빛을 띠기 시작하고, 청명했던 날씨는 차츰 서늘해져갔다. 높은 산 위에는 이미 눈이 내려앉았으며 날씨가 가을로 더 깊어져갔다.

손님이 떠나고 난 다음 처음 맞이한 일요일은 날씨가 쾌청했다. 그날 우리는 산등성이로 올라가, 사람들이 포도밭을 돌보느라 분주히 움직이는 발리스의 산을 내려다보았다. 화려한 전경이 너무나 아름다웠다. 나는 친구도 이와 같은 먼 산의 울긋불긋 화려한 모습과 수정처럼 맑은 공기와 포도밭 속을 오가는 사람들의 눈부신 모습을 볼 수 있었다면 참 좋았을 거란 생각을 했다.

우리가 그렇게 친구에 대한 생각을 하던 바로 그 무렵, 그는 세상을 떠나고 말았다.

그는 유쾌한 기분으로 건강하게 집에 잘 도착해서 친구들에게 몬타뇰라를 찾아간 것에 대해 엽서로 소식도 알려주고, 내 누이동생에게 안부 전화도 했다고 한다. 하지만 곧바로 과중한 업무에 매달렸다. 그리고 그렇게 햇살이 곱고 울긋불긋한 색깔이 화려했던 일요일 오후, 아주 잠깐 몸을 불편해하더니 갑작스레 숨을 거두고 말았다.

나는 그 소식을 다음 날 아침 전보를 통해 알게 되었다. 그의 장례식에 읽을 추도사를 부탁한다는 내용이었고, 곧 그의 아내에게서 편지도 왔다. 편지에는 이렇게 적혀 있었다. "어제 일요일 오후 2시에 남편께서 별다른 고통도 없이, 전혀 뜻밖에 돌아가셨습니다. 그분이 선생님을 방문해 우정과 사랑을 몸소 느끼는 기회를 갖도록 해주신 것에 대해 감사드립니다. 좋은 추억으로 그분과 함께해주시기를 바랍니다."

정말로, 나는 진심으로 그의 명복을 빌었다. 그리고 그를 잃게 된 것이 몹시 가슴 아프기는 했지만, 한 가지 생각을 떨쳐낼 수 없었다. 사는 동안 선하고 참된 사람의 모범이었던 한 남자가 죽음 역시 경이로울 정도로 모범적이었다는 생각 말이다. 그는 마지막 순간까지 충직하고 책임감 있게 업무에 임했다. 또한 병원 신세도 지지 않고 아무런 고통도 없이, 동정심과 보살핌에 대한 호소도 없이, 간단하고 조용하고 부드럽게 죽음을 맞이했다.

모든 슬픔에도 불구하고 받아들여야만 하는 죽음, 착실하고 보람찼던 생애를 부드럽게 마감한 죽음이었다. 그것은 피로감을 알지 못한 채 세상의 책무에 시달린 친구에게서 생일 파티를 살짝 빼앗아갔다. 불과 며칠만 지나면 있을 축하 파티였다.

영면하기 전에 잠시나마 그와 식탁에 앉아 함께했던 것은 내게 크나큰 은총이었다. 그는 고향의 안부와 함께 여러 가지 물건들을 전해주었다. 그리고 일상과 공직생활 이외의 이야기를 나누었던 거의 마지막 사람이 나였다. 그는 다시 한 번 우정과 친밀감을 내게 전해주었고, 평안함과 따뜻한 마음, 그리고 유쾌한 기분을 선사해주었다.

그런 순간이 없었다면 나는 아마도 그의 죽음을 이해하기 어려웠을 것이다. '이해한다'라는 말을 좋고 올바르며 조화로운 결말로 받아들이고 정리하기에는, 그것은 너무 큰 단어이기 때문이다. 다른 벗들도 그렇게 갈 수 있었으면 좋겠다. 그 친구의 모습, 그의 삶과 죽음이 우리가 필요로 하는 위안이 되고, 좋은 본보기가 되었으면.

벗의 부음을 듣고

덧없는 것은 금방 시든다.
메마른 날들이 쏜살같이 흩어진다.
영원할 것 같은 별들이 조롱하듯 바라본다.

오직 우리 마음 속 영혼만
그 유희를 무심히 바라본다.
조롱도 없고 고통도 없이
그것에는 '덧없는 것'과 '영원한 것'이
똑같이 많고, 똑같이 적은…

그러나 심장은
저항하고, 사랑에 불타오르고,
시들어가는 꽃에
무한한 죽음의 부름에
무한한 사랑의 부름에 항복한다.

*

　도덕적 현상과 마찬가지로, 사람들은 늙어가면서 일반 대중의 삶에 나타나는 혼돈과 퇴화를 변화무쌍한 자연의 모습으로 받아들이려는 경향이 있다. 세상의 모든 재앙 이후에 다시 풀이 돋아나고 꽃이 피어난다. 그리고 대중의 우매한 짓이 지나가고 나면, 다시 도덕적인 기본 욕구가 되돌아와 대중이 일정한 형태의 안정을 유지한다. 이런 모습들을 보며 사람들은 애써 위안을 삼으려 한다.

*

　루돌프 알렉산더 슈뢰더(독일의 시인―옮긴이)를 만나 대화를 하던 도중 그가 절대 잊을 수 없는 말을 했다. 그는 나이와 (내게 별로 좋지 않은 뒷맛을 안겨주는) 늙어가는 것에 대해 이야기했다. 그가 삶을 찬양하는 말을 쏟아내더니, 내 얼굴 쪽으로 몸을 기울이고 함박 미소를 지으며 들뜬 목소리로 속삭였다.

　"나이가 들면 사는 게 점점 더 아름다워진다네."

늦가을 속에서

가을비가 회색 숲을 파헤치며 후드득 떨어지고,
아침 바람 속에 계곡은 차갑게 떨고 있다.
밤나무에서 무거운 열매가 떨어져
입을 쩍 벌리고, 촉촉한 갈색을 내보이며 웃는다.

내 삶에 가을이 몸부림치고,
갈기갈기 찢긴 잎들을 바람이 휘몰아간다.
나뭇가지는 모질게 흔들리고―나의 열매는 어디에
있는가?

난 사랑을 꽃피웠지만 그 열매는 고통이었다.
난 믿음을 일궜지만 그 열매는 증오였다.
나의 앙상한 마른 가지에 바람이 휘몰아친다.
난 그것을 조롱하며 폭풍우를 이겨낸다.

열매란 내게 무엇인가? 내게 목표는 무엇인가! 난 꽃을 피워냈고

피워내는 것이 나의 목표였다. 이제 난 시들어가고

시들어가는 것은 나의 목표일 뿐, 그밖에는 아무것도 없다.

가슴속에 파묻어둔 목표는 순간적일 뿐.

내 안에 신이 살고 있고, 내 안에 신이 죽고 있다. 신은 가슴속에서 신음하고, 그것으로 내 목표는 충분하다.
옳은 길이든 그른 길이든, 꽃을 피웠든 열매를 맺었든,
모두 다 하나일 뿐, 다만 그 이름에 불과하다.

아침 바람 속에 계곡은 차갑게 떨고 있고,
밤나무에서 무거운 열매가 떨어져
투박하고 환하게 웃는다. 나도 함께 웃는다.

*

　나이가 들어 몸이 쪼그라들면서 좋은 점도 있다. 세계사나 주식시장 따위의 외부 세계에 대해 이전보다 훨씬 더 무심해지는 것이 그것이다.

*

　나이가 들면서 이사를 하는 게 점점 더 힘들어지고, 결국에 가서는 이사 차량에 타는 것보다 운구 차량에 타는 게 차라리 낫다는 생각을 하게 된다.

*

　나이가 들면 사람들은 겸손해진다. 잠을 푹 자고 몸이 어디 아프지 않은 것만으로도 이제 만족할 정도가 되는 것이다.

경험의 의미

 약간 다르게… 노인들은 경험을 쌓는다. 이 점에 대해 나는 어떤 가정이나 착각을 하고 싶지 않고, 또 해서도 안 된다. 그리고 노인들이 경험하는 방식에 대해 젊은 사람들이 전혀 상상하지 못한다는 사실을 염두에 두어야 한다.
 사실 나이 든 사람들에게 완전히 새로운 경험이란 없다. 모두 예전에 적당한 크기로 이미 경험했던 것들이다. 점점 더 희귀해지는 '새로운' 경험은 그동안 수차례 있었던 경험의 반복에 불과하다. 이미 오래전에 다 완성되었던 것처럼 보이는 화폭에서, 옛 경험이라는 수십 혹은 수백 겹의 실체 위로 새롭고 연한 색깔을 덧칠하는 것과 같다.
 그럼에도 그것은 새롭고 진정한 경험이다. 비록 원초적인 것은 아니지만, 다른 여러 가지 면을 종합해볼 때 자기 자신과의 만남, 자신에 대한 시험이 되기 때문이다. 바다를 처음 보았거나 피가로를 처음 들어본 사람은 그것을 열 번째나 심지어 쉰 번째 경험한 사람과 달리 더 격렬하게 경험할 수 있다. 그러나 경험이 많은 사람은 바다와 음악에 대해 경험으로 단련된 눈과 귀를 갖고 있다(물론 그것은 다른 사람들과 다르고, 덜 활성화되어 있지만). 그리고 그는 더 이상 새롭지 않은 감상을 다른 사람들과 단지 다르고 특별하게 받아들이는 것이 아니라, 그것을 다시 체험하면서 이전의 경험들을 만나게 된다. 이미 알고 있던 바다와 피가로를 새로운 방식으로 다시 만나는 게 아니다. 자기 자신, 그리고 더 젊었던 자아도 만나게 되는 것이다.

그는 이전의 여러 삶의 단계에서 그것을 체험하면서 느꼈던 감정을 새삼 느끼게 된다. 그것이 미소든 조롱이든, 우월감, 감동, 수치심, 기쁨, 회한이든 뭐든 아무 상관이 없다. 대개의 경우 고령이 되어 똑같은 것을 체험한 사람은 과거에 경험한 방식과 경험에 대해 우월감을 느끼기보다는, 감동과 수치심을 느끼는 경우가 더 많다. 예를 들어 생산적인 일을 하는 예술가가 인생 말년에 과거의 잠재력, 집중력, 충만한 기운을 회상하게 되면 "아, 그때 나는 왜 그리도 나약하고 우매했던가!"라고 애석해하는 경우는 드물다. 오히려 그 반대로 "아, 그때만 한 힘이 아직도 내게 남아 있다면 얼마나 좋을까!" 하는 소망을 품게 된다.

지식인과 시인은 기억을 소중하게 생각한다. 기억은 우리의 재산이고 우리는 그것을 먹고산다. 하지만 잊힌 채 파묻혀 있던 무의식의 세계에서 옛일이 불쑥 튀어나오면, 놀라기도 하지만 매우 특별한 경험이 된다. 기쁜 일이든 아니든 간에 그것은 더 이상 조심스럽게 가꾸어 온 기억이 아니다. 내게는 그런 사념들이 다양한 모습으로 찾아온다. 상상력이 없지 않은 사람들이 젊은 시절 잘 알고 있었던 에로티시즘이나 여행, 아직 일어나지 않은 새로운 것에 대한 허기, 세상을 정복하거나 이주하려는 충동, 망각하려는 것, 우리에게 부담을 안겨주는 이미 존재했던 것을 몰아내려는 마음, 가능한 많은 새로운 그림으로 이미 경험했던 그림들을 뒤덮으려는 욕구….

반면 나이가 들어 습관이 굳어지고, 늘 같은 곳이나 같은 사람, 같은 상황을 새삼 반복적으로 찾아보려는 노인의 경향은 추억이나 기억 속에 간직되어 있는 것을 확실히 하려는 지칠 줄 모르는 욕구이며, 보존해온 것이 혹시 더 풍부해지지 않았는지 확인하고자 하는 나지막한 소망이다. 또한 혹시 잊히고 잃어버렸던 갖가지 경험, 여러 사람과의 만남, 이런저런 모습이나 얼굴을 되찾아 그것을 기억의 한 자락에 다시 묻어두고 싶어 하는 마음이다.

모든 노인은 혹여 그 스스로 감지하지 못한다고 하더라도, 과거를 찾아나선다. 다시는 돌아올 수 없을 것처럼 보이지만 이를테면 시를 통해 되찾을 수 있는 과거, 영원히 망각되지 않으면서도 다시 돌이킬 수 없는 것이 아닌 과거, 그냥 지나쳐버리는 것이 아닌 그런 과거를 말이다.

*

진실은 전형적인 젊음의 이상이다. 반면 사랑은 성숙한 사람의 것이며, 죽음에 대한 마음의 각오를 다지려 노력하는 사람의 것이다. 이른바 명상을 하는 사람들은 인간이 객관적인 진실을 인식하는 것에 특히 서툴다는 것을 알게 된다. 그리하여 진실을 찾아나서는 것이 사실상 인간적인 활동이 아니라는 것을 눈치 챘을 때, 비로소 진실에 대한 열정을 포기한다.

그렇지만 그런 생각을 전혀 하지 않는 사람들도 무의식적인 경험을 하는 과정에서 비슷한 경로를 걷는다. 진실한 것, 옳은 것, 아는 것, 그리고 선과 악을 정확히 분별해 심판하고 징벌하고 판단하고 전쟁을 일으키는 것 — 이것들은 젊은이들이 하는 짓이고, 젊은이들에게 아주 잘 맞는다. 그러다 나이가 들면 이상적인 것에 머물러 있어 그것은 어차피 시들어버리고, 활발하게 깨어 있지 않은 능력이 '새롭게 눈을 떠' 우리 인간에게 있는 초인적인 진실을 예견하게 된다.

　나이가 점점 더 들면서 혈관의 경화도 진전된다. 혈액이 종종 뇌 속을 제대로 흘러다니지 못한다. 하지만 이렇게 안 좋은 것에도 좋은 면은 있다.

　모든 것을 엄격하고 격렬하게 받아들이지 않게 된다. 많은 것을 건성으로 듣게 된다. 바늘에 찔리거나 신체적인 충격을 받는 것을 더 이상 예민하게 느끼지 못한다.

　한때 나 자신이었던 한 부분은 머지않아 전체가 되어버릴 그곳에 이미 가 있다.

　　*

　노인이 되어 좋은 점 가운데 하나는 현재와 현실에 완전히 다다를 수 없다는 것이다. 그것들 사이에 서서히 짜여 점점 완성되어가는 장막이 있기 때문이다.

　　*

　요즘에는 노인이 되면 전에는 당연한 것으로 여겼던 환경에서 지내지 않는다. 자기가 태어나서 자라난 곳과

지정학적으로, 기후적으로 전혀 다른 곳, 완전히 다른 환경에서 지낸다. 이제는 그런 것에 대해 이상하다고 생각하는 사람도 없다.

외로움으로 가자

세상이 네게서 떨어져나간다.
네가 언젠가 사랑했던
모든 기쁨들은 빛을 잃는다.
재는 어둠으로 사위어간다.

너는 원하지 않아도
네 안으로 가라앉는다.
강한 손길에 떠밀려서.
너는 죽은 세상에 덜덜 떨며 서 있고,
잃어버린 고향의 소리가
네 곁을 울며 감돈다.
아이들 소리와 다정한 사랑의 속삭임.

외로움으로 가는 길은 험난하다.
네가 알고 있던 것보다

훨씬 더 힘들다.
이제는 꿈의 원천도 빗장을 걸었다.
그러나 믿어라!
이 길의 끝이 고향이 되리니.
죽음과 부활.
무덤과 영원한 어머니.

노인으로 입문하는 것

 나이 든 사람과 호호백발 노인 사이에는 독특한 관계가 있다. 나는 나보다 나이가 어린 친구나 동료가 어느 날 갑자기 자기가 이제 예순이 되었다고 하거나, 일흔이 될 거라고 하거나, 심장병이 생겨 담배를 끊었다고 할 때 그 모습을 그대로 받아들이는 게 약간 충격이다. 그가 명예박사 학위를 받았다거나, 명예회장 혹은 명예시민으로 위촉되었다고 하거나, 뭔가 다른 사람들로부터 나이를 대접받은 모습을 불쑥 보여 나를 놀라게 할 때도 마찬가지다.

 나는 그가 젊은 시절 철없는 행동을 하던 것을 지켜봤는데, 어느 순간 갑자기 어른들의 세계에서 번듯한 자리를 차지하고 노인의 반열에 들어선 모습을 하고 있기 때문이다. 희끗희끗한 머리를 한 채 자신의 품위를 나타내며, 명예직을 얻고, 훈장을 가슴에 단 모습들…. 그렇게 놀라는 것은 노인에 대한 내 나름의 독자적인 의미가 무의식적으로 있는 까닭일까? 그 사람은 젊은 사람으로 그대로 남아 있고, 나는 계속 젊은 사람과의 관계를 지속하며 지낼 거라는 기대 같은 것 말이다.

그 작은 충격에서 일단 벗어나면 나보다 더 젊은 사람이 노인이 된 것을 더 이상 자신만만함이나 월권으로 생각하지 않고, 이제 노인이 되기 시작한 사람들에게 측은함을 느끼게 된다. 말하자면 나이에 대한 내 생각이 현실과 맞지 않다는 것이 증명되었다는 생각을 하는 즉시, 나이가 나보다 젊은 친구들과 나 사이에 거리를 느끼는 것이다. 축하, 명예, 통증과 같은 고령에 동반되는 현상이 이제 새로 입문한 사람에게는 아직 그 기색만 보일 거라고 생각하기 때문이다. 노인으로서의 자만이랄까.

칠십 세의 생일을 축하받으면 뭔가 중요한 경험을 한 것 같은 느낌이 든다. 그것은 처음으로 세례를 받은 사람이나 대학 신입생이 느끼는 것과 어느 정도 비슷하다. 한 단계를 달성하고 새로운 세계에 입문한 것으로, 체념과 경사스러운 느낌이 함께 뒤섞인다. 그는 노루 등심 스테이크에 포도주와 샴페인을 곁들인 파티를 열 수도 있을 것이다.

　진정한 노인이 된 사람은 기쁜 마음으로 모든 것을 진지하게 받아들인다. 그는 상원의원이나 대통령의 연설을 감동하며 듣던 시절, 아무런 슬픔 없이 천진난만하던 시절을 회상하고, 과거에 축하 자리에서 만용을 부렸던 것도 생각한다. 그렇게 그는 우리 호호백발 노인들과 비교하면 젊은 초보자다.

　호호백발 노인들은 죽음에 둔감한 이웃으로서, 거만함의 이면에 품위를 지키며, 체념하는 지혜로운 삶을 살아간다. 그러면서 상노인과 노인의 차이가 미미하고, 그들이 아직 우리와 같은 반열에 오르지 않았다는 착각과 거만(우리가 광적으로 믿는)이 우리의 지혜와 크게 구분되지 않는다는 것을 매우 드물게 정신이 맑은 순간에만 인지한다. 그렇게 정신이 맑은 순간에 우리는 예전에 어린아이, 소년 혹은 청년일 때 노인과 상노인에 대해 어떤 생각을 했었는지 새삼 기억하게 된다. 지난날에 우리는 그런 생각을 하면서 웃었고, 수십 년이 지난 후에 보기에도 그 웃음이 아무것도 모르는 무지한 것이라는 생각이 별로 들지 않는다.

그렇다. 결국 나이가 들어서 갖게 되는 유일한 지혜는 '다시 어린아이가 되는 것'에 있다.

나는 대개 나보다 더 젊은 예순 살, 일흔 살, 일흔다섯 살 친구들이 생일을 맞이했다는 소식을 들을 때 그런 비슷한 방식의 사고로 반응한다. 그것은 시간의 흐름이 빠르다는 경고와 우리 인생이 끝나버릴 수 있다는 탐탁찮은 전망에 대해, 늙은 우리들이 웃음으로 저항하려는 시도다. 삶의 모순에는, 이상한 사람들에 의해 너무 자주, 그리고 쉽게 압도되는 슬픈 전망도 포함된다.

예술가들은 영혼의 절반으로는 하루살이의 순간이나 번개처럼 순식간에 바뀌는 삶의 모습을 사랑하거나 그것에 감탄한다. 나머지 절반의 영혼으로는 지속성, 안정성, 영원함에 대한 그리움을 품고 그것을 쫓는다. 그 그리움은 덧없는 것들의 정신화와 영원화, 액체와 변형되는 것의 고착화, 순간을 붙잡는 것 등과 같이 불가능한 것을 쟁취하도록 우리를 자꾸만 다시 노력하게 만든다.

지혜로운 사람이 일체의 행동에 있어 사려 깊은 포기

를 통해 도달하려고 하는 것, 즉 시간관념을 없애는 것을 예술가들은 정반대의 방법으로 추구한다. 왕성한 작품 활동으로 그것을 붙잡고 영원하게 하려는 것이다.

*

  새로운 삶의 단계로 입문할 때 '노인'이 되기 시작하면, 그는 어떤 선물을 받기를 소망한다. 삶이 그를 그 단계까지 올라가게 허락한 것들, 즉 다른 사람의 판단에 덜 의존하고, 열정에 휩쓸리지 않으며, 아무런 방해 없이 영원을 생각할 수 있는 그런 선물 말이다.

*

  우리는 남태평양에 아직 발견되지 않은 해변, 지구의 극지방, 바람과 폭우와 번개와 눈사태에 대해 궁금해한다. 하지만 죽음에 대해서, 존재의 제일 마지막이 될 가장 독특한 경험에 대해서는 호기심이 별로 없다. 모든 자각과 경험에 비추어보건대, 우리의 삶을 기꺼이 내줄 수 있는 '죽음'이 반드시 좋고 만족스러울 것이라고 생각하기 때문이다.

*

  사람이 나이 들고 할 일을 다 했으면, 조용한 시각에

죽음과 친구가 될 수 있다. 그에게는 이제 사람이 더 이상 필요하지 않다. 이미 그들을 알고 있고 충분히 봐왔기 때문이다. 그가 필요로 하는 것은 침묵이다. 그런 사람을 방해하거나, 잡담으로 괴롭히거나, 그에게 말을 거는 것만큼 나쁜 것은 없다. 그의 집 근처를 갈 때면 마치 아무도 살지 않는 빈집을 지나치듯 그냥 스쳐지나가야 한다.

어느 일본 산골짜기의 부처상

수많은 빗줄기에 둥그스름하게 깎이고
서릿발에 떨며, 이끼에 초록으로 뒤덮인 채
부드러운 너의 뺨과 커다랗고
꼬리가 처진 눈꺼풀은 여전히 목표를 겨냥한다.
기꺼이 으스러지고, 모든 것에서
벗어나고, 끝없이 모습을 바꾸며.
고귀한 왕족 출신임을 암시해주는
아직도 찢겨지고 있는 너의 의상이
이미 습한 기운으로, 진흙으로, 흙으로 변해간다.
나름대로의 완성을 찾아나서서,
내일이면 나무뿌리가 되고, 나뭇잎이 되어 살랑대고,
물이 되어 하늘의 청명함을 반사하고,
송악, 해초, 양치가 되어 물결치고—
영원한 하나 속에서 변신해 모든 모습이 되리.

중국식 우화

'바위 어른'이라는 뜻을 가진 충랑이라는 이름의 한 노인이 산에 작은 농토를 갖고 있었다. 그가 어느 날 말 한 필을 잃어버렸다. 그러자 이웃들이 불행한 일을 위로해주기 위해 그를 찾아왔다.

하지만 노인은 그들에게 물었다

"그것이 불행한 일인지 댁들이 어떻게 아시오?"

그런데 며칠이 지난 다음 그 말이 되돌아오면서 한 무리의 야생마들을 데리고 왔다. 다시 이웃들이 경사스러운 일을 축하하려는 마음으로 그에게 달려왔다.

하지만 노인은 정색을 하며 물었다.

"어떻게 해서 이것이 행운이라고 생각하는 거요?"

갑자기 말이 많이 생기자 노인의 아들이 승마를 하고 싶은 마음에 말을 타다가 그만 다리가 부러지고 말았다. 그러자 다시 한 번 이웃들이 위로의 말을 전하려고 그를 찾았다. 노인은 다시 한 번 그들에게 물었다.

"이것이 불행한 일이라는 것을 댁들이 어떻게 안단 말이오?"

이듬해 친위대가 황제의 구두 수발을 들어주고 가마 들어주는 일을 맡길 튼튼한 장정들을 데려가려고 산 위까지 올라왔다. 다리에 입은 부상이 미처 낫지 않은 노인의 아들은 데려가지 않았다.

충랑은 슬그머니 미소를 지었다.

높이 추켜올린 손가락

주치라는 주지승은
조용하고 부드럽고 너무나 겸손해서
설교와 훈육을 모두 하지 않았단다.
말이 겉치레였기 때문에, 일체의 겉치레를 피하기로
단단히 결심했단다.
수많은 학생, 수도승, 수련자들이
고귀한 말로, 순간적인 영혼의 섬광으로
세상의 의미에 대해, 최고의 선에 대해
말하기를 좋아해도, 그는 감정의 지나침이 없기를 감시하며
침묵으로 일관했다.
사람들이 때로 공허하고, 때로 진지한 질문으로
옛 경전의 의미에 대해서, 부처의 이름에 대해서
깨달음에 대해서, 세상의 시작과
종말에 대해서 물어와도

그는 묵묵히 손가락을 추켜올리며
침묵을 지켰다.
침묵으로—말하는 그 손짓은
점점 더 진지하고, 깊은 생각을 하게 만드는 것이 되어
갔다. 그것은
말을 하고, 가르침을 주고, 칭찬을 하고, 처벌하면서
독특하게 세상과 진실의 정곡을 겨냥했다. 그 후로
많은 젊은이들이 손가락의 그 조용한
추켜올림을 이해하고, 전율하고, 깨우쳤다.

*

우리는 고통과 질병을 겪어왔고, 친구와 사별해보았다. 죽음이 문밖에서 노크하는 소리만 들었던 것이 아니라, 우리 몸 안에서 이미 그것이 움직이기 시작했고 어느 정도 진척을 보이고 있다는 것도 안다. 전에는 그토록 당연해 보이던 인생이 이제는 너무나 소중한 것, 고갈될 위험에 처한 것이 되어버렸으며, 당연하게 소유했던 것이 불분명한 불변의 것을 빌려온 것으로 변해버렸다.

하지만 회수 기일을 알지 못한 채 빌려온 것이지만 그 가치는 전혀 상실되지 않았고, 위험은 그것을 더욱더 고귀한 것으로 만들었다. 우리는 전과 마찬가지로 삶을 사랑하고 그것에 충직하게 머물면서, 좋은 해에 만들어진 포도주의 가치가 세월이 지나도 줄어들지 않고 오히려 늘어나는 것처럼 사랑과 우정을 지켜나간다.

*

가까운 사람, 무엇보다 젊은 시절부터 친하게 지낸 친구를 잃게 되는 것은, 우리 노인들에게 일어나는 여러 가지 의미를 내포하는 많은 일들 중에서도 가장 특별한 일이다. 차츰 모두들 사라지고, '저편'에 더 가까운 사람, 그곳에 가장 가까운 사람으로 이승에 마지막으로 남게 되면, 예전에 튼튼한 뿌리를 내리고 살던 시절보다 두려움도 적어지고, 자기도 모르게 '저편'에 대해 호기심을 더 많이 갖게 된다.

첫눈

푸르른 날들이여, 너도 이제 늙었구나.
눈빛은 이미 흐려지고, 머리에는 흰 눈이 내려앉았다.
벌써 지친 모습으로 걸어 죽음에 다가간다.
내가 그대를 동행하리. 나도 함께 죽으리라.

심장이 머뭇대며 근심어린 오솔길을 걸어가고
눈 속 겨울 씨앗은 두려움에 떨며 잠을 잔다.
바람은 내게 얼마나 많은 가지를 부러뜨렸나?
그 흔적들이 이제 내 갑옷이 되었네.
가슴 아픈 죽음을 얼마나 많이 경험했던가?
새로운 탄생은 모든 죽음의 보상.

환영한다, 죽음, 어두운 문이여!
저승의 종소리가 삶의 합창에 맑게 울려 퍼진다.

*

죽음에 대해서도 예전과 같은 관계를 맺고 있다. 나는 그것을 증오하지 않고 두려워하지도 않는다. 아내와 아들들 이외에 누구와 가장 많이, 또 가장 기꺼이 관계를 맺고 있는지 곰곰이 따져보면 모두 죽은 자들이다.

이미 오래전에 사망한 음악가와 시인과 화가들. 각자 자신의 작품 속에 살아 있는 그들은 계속 살아 숨 쉬고, 대부분의 동시대 생존자들보다 더 진실되고 더 가깝게 존재한다. 더욱이 살아가면서 알고 사랑하고 '잃은' 사람들, 이를테면 우리 부모님, 형제, 젊은 시절의 친구들은 그들이 살아 있었을 때와 여전히 똑같이 나와 내 삶 안에 깊숙이 들어와 있다.

나는 그들을 생각하고, 그들에 대한 꿈을 꾸며, 일상에 그들을 함께 포함시킨다. 죽음과 관계 맺는 것은 정신 나간 짓이지만, 그것은 한낱 아름다운 상상이 아니라 현실적인 것이고 내 삶이기도 하다.

나는 허무하게 지나간 것들에 대한 비통한 마음을 잘 알고 있다. 시들어가는 꽃잎을 보면 그것을 느낄 수 있다. 하지만 그것은 절망이 없는 비애다.

*

　최근 나는 중국 고전에서 이런 글을 읽었다.
　죽은 사람을 고향으로 돌아간 사람이라고 말한다면, 살아 있는 사람은 방랑객이라고 할 수 있다. 방랑객은 발길을 어디로 돌려야 할지 알지 못하고, 고향이 없다. 누군가 자신의 고향을 잃어버렸다고 하면 사람들은 그를 딱하게 여긴다. 그러나 세상 사람들 모두 고향을 잃어버리면 그것을 딱하다고 생각하는 사람은 아무도 없을 것이다.

*

　젊은이들은 '죽음에 대해 말하는 것'은 좋아하지만, '죽음에 대해 생각하는 것'은 절대 하지 않는다. 노인들의 경우에는 그 반대다. 젊은이들은 영원히 살 거라고 생각해, 원하는 모든 것을 소망할 수 있다고 믿는다. 노인들은 언젠가는 끝이 있고, 자기가 갖고 있고 행한 모든 것들이 결국 큰 구멍 속으로 떨어지며, 아무것도 아닌 것이 되리라는 것을 알고 있다.

*

 죽음은 우연도 아니고, 무의미하지도 않으며, 잔인한 것도 아니다. 죽은 사람을 악이 데리고 간 것도 아니고, 다만 그의 삶에 주어진 과제를 끝마친 것일 뿐이다. 그리고 그는 새로운 형상을 다시 얻고, 계속 영향을 미치기 위해 간다. "그의 삶에 주어진 과제가 끝났다"라는 말의 의미는 그가 귀중한 일을 앞으로 더 오랫동안 할 수 없었을 거라든가, 다른 사람으로 교체될 수 있는 사람이었다는 의미가 아니다. 그 사람 자신이 그의 인생에서 가장 깊은 의미에 도달했고 성숙했다는 뜻이다.

 마지못해 죽었더라도, 그가 살아간 모습이 망가지거나 사라지지 않는다는 것을 알게 된다. 나는 그렇게 믿는다. 세상에 죽음은 없다. 모든 생명은 영원하다. 누구나 다시 돌아온다. 모든 인간에게는 가장 내면에 자아가 있고, 그 어떤 죽음도 그것을 파괴하지 못한다.

내가 '과거'와의 교류나 재회를 믿는 것은 아니다. 그러나 나는 모든 인간들의 목표에 나타난 공통점, 우리 곁을 떠난 사람들의 행동과 정신에 우리가 연결되어 있다는 것을 분명하게 믿는다. 죽음 안에서가 아니라 오직 삶 속에서만 우리는 죽은 자가 영원하고 불멸하다는 것을 다시 알게 된다.

*

피곤할 때 잠을 잘 수 있는 것, 그리고 오랫동안 지고 다니던 짐을 내려놓는 것은 가장 고귀하고 아름다운 일이다.

*

더 이상 보지 못하는 사람들에 대해, 우리는 아직도 여전히 '거기' 그렇게 있는 사람들을 대하는 것과 다른 방식으로 교류한다. 그렇지만 그들이 우리 곁에 존재하지 않는다고 보기는 어렵다. 종종 그들의 존재가 다른 사람들보다 더 강력하다.

*

 사라져버린 사람들은 우리에게 영향을 미쳤던 것들과 함께 남는다. 또한 우리가 살아가는 한, 우리와 함께 살아 숨 쉬었던 본질적인 것들과 함께 남는다. 어떤 때는 살아 있는 사람들보다 그들과 더 말을 잘할 수 있고, 상의도 더 잘할 수 있으며, 그들의 충고 역시 더 잘 받아들일 수 있다.

*

 인생은 짧고, 우리는 머지않아 저편에 가 있게 된다. 우리가 저편에 대해 알고 있지 못하더라도, 우리는 경험을 통해 죽은 자가 살아있는 사람보다 곁에 더 살아 숨 쉬고, 사랑스럽고, 가까울 수 있다는 것을 안다. 그것은 저편을 향한 자연스러운 심리적 관계 때문이다.

*

 환한 대낮으로 향하든, 캄캄한 밤으로 향하든 모든 경주는 죽음으로 향한다. 그리고 그것은 탄생의 고통으로,

영혼에 두려움을 안겨주는 새로운 탄생이 된다. 하지만 영원의 어머니가 영원히 새날을 다시 주기 때문에 모두 길을 가고, 모두 죽어가고, 모두 탄생하게 된다.

모든 죽음

난 이미 오래전에 죽었다.
난 앞으로도 다시 죽게 될 것이다.
나무에서 목석 같은 죽음으로 죽고,
산에서 돌 같은 죽음으로 죽고,
모래 속에서 진흙이 되어가며 죽고,
바스락거리는 여름 풀밭에서 낙엽이 되어 죽고,
그리고 불쌍하고, 처참한 인간의 죽음.

꽃으로 다시 태어나고 싶어
나무와 풀로 다시 태어나고 싶어
물고기와 사슴, 새와 나비
그 어떤 형태가 되었든
제일 마지막으로는
인간의 고통을 향한
그리움이 나를 잡아채리라.

오, 떨리도록 팽팽하게 당겨진 시위여
불끈 쥔 주먹의 그리움이
인생의 양극을
서로 구부릴 수만 있다면!
다시, 그리고 또 다시
죽음에서 탄생으로 날 몰아갈 텐데.
고통스러운 새로운 탄생.
아름다운 새로운 탄생.

　죽음의 고통도 탄생과 마찬가지로 인생의 한 과정일 뿐이다. 사람들은 그것을 곧잘 혼동한다.

*

　사랑하는 사람을 잃은 것에 대한 제일 처음의 자연스러운 반응은 고통과 한탄이다. 그것들은 비통한 일을 당한 처음에는 분명 도움이 된다. 하지만 죽은 자와 우리를 함께 묶기에는 충분하지 않다.
　다만 장례식의 기본 과정이 그것을 해낸다. 제물, 비석, 기념비, 화환. 우리들은 영전에 바치는 제물을 우리 자신의 영혼 속에서 완성해야 한다. 사색을 통해, 정확한 기억을 통해, 우리 마음속에서 사랑했던 사람을 다시 짜맞추는 것에 의해.
　그렇게 할 수만 있다면 죽은 자는 계속 우리와 함께한다. 그와 관련된 추억의 그림이 그대로 보존되어, 고통이 열매를 맺을 수 있도록 도와줄 것이다.

죽음이라는 형제

나에게도 한 번은 찾아오겠지.
날 잊지는 않겠지.
결국은 고통이 닥치고
사슬은 끊어지겠지.

아직은 낯설고 멀게만 보인다
사랑하는 죽음이라는 형제여.
선명한 별이 되어, 너는
나의 괴로움 위에 떠 있다.

하지만 언젠가는 가까워지겠지.
그리고 불꽃을 활활 타오르게 하겠지.
오라, 사랑하는 자여, 나 여기에 있도다.
나를 데려가다오, 나는 그대의 것.

*

 최근 큰 충격을 받았다. 늙어가고 쇠퇴하는 것이 젊은 시절 몸이 쑥쑥 자랄 때처럼, 갑자기 확 밀치고 당기듯 진행되었다. 아니, 그렇다기보다는 아무도 눈치 채지 못하도록 조용히 꾸준하게 진행되다가, 어느 순간 갑자기 뜀박질을 해 누구든 확연히 느낄 수 있게 되었다. 여기저기 아픈 곳이 많아지고, 그것이 더 이상 진행되지 않도록 정신을 가다듬어야 할 때가 자주 있다.

*

 종종 레기나 울만(스위스의 작가―옮긴이)을 생각하면서 머릿속으로 그녀도 나처럼 '바쁠' 거라는 상상을 한다. 아주 나이 많은 노인들이 흔히 그런 것처럼, 그녀도 아마 비슷하게 기력이 쇠하고, 사람들과 작별하며, 몸이 시들어가느라 바쁘겠지.
 그것은 성장과 활동처럼 진행되어야 할 과정이다. 그리고 삶의 여러 단계가 그렇듯, 그것 역시 두 개의 얼굴을 하고 있다. 어떤 때는 우울하고 고통스럽다가, 어떤 때는 이상하게도 긍정적인 의미에서 유쾌해지기도 한다. 그렇게 하루하루가, 하루의 일상이 바뀌곤 한다.

그 옛날 천 년 전에

뒤숭숭하고 어수선하게
도막 난 꿈에서 깨어나
한밤중에 대나무가
자기네들끼리 속삭이는 소리를 듣는다.

가만히 쉬게 두지 않고, 가만히 누워 있게 두지 않고
그것이 나를 마구 뒤흔들어댄다.
영원한 곳을 향해 여행을 가라고,
뛰쳐나가라고, 날아가라고.

그 옛날 천 년 전에
고향이 있었고,
새 무덤이 있는 풀밭에 피어난 꽃
크로커스가 눈 속에 굳어 있는 정원이 있었네.

새의 날갯짓으로 멀리 날아가고 싶어.
나를 에워싸고 있는 금지선을 넘어
황금빛이 여전히 반짝이는
그 너머의 시간으로.

*

 지금까지 나는 죽음을 많이 생각하지 않고, 결코 두려워하지 않았다. 오히려 종종 절망스러운 조바심으로 죽음을 소망하곤 했다. 반대편에서 우리를 기다리고 있는 그것의 실체와 크기를, 그것이 운명을 완성하고 둥근 원을 그린다는 것을 이제야 제대로 바라볼 수 있게 되었다.

 지금까지는 내 삶이 하나의 길이었다. 처음 시작에는 충만한 사랑 속에 머물렀고, 어머니의 품에서 유년기를 보냈으며, 종종 콧노래를 부르고, 자주 지겨워하고, 때때로 저주도 하는 길이었다. 그러나 그 길의 끝이 확실하게 내 앞에 모습을 드러낸 적은 없었다.

 내 존재에 영양분이 되었던 모든 자극, 모든 힘이 이제는 어두운 시작, 출생과 어머니의 품에서 나오는 것처럼 보인다. 그리고 이제는 힘, 활기, 자극이 갑자기 마비되고 사라질 것처럼 보이는 우연한 점으로 죽음이 보인다. 이제야 나는 그런 '우연' 속에도 그 크기와 불가피성을 본다. 그리고 내 삶의 양쪽 끝이 서로 묶여 있음을 분명하게 느낀다. 그 끝을 바라보며 성장하고, 그 어떤 축제보다 진지하게 그 축제에 다가가 완성하기 위해, 나는 끝을 마중하러 나간다. 그러한 내 과제와 내 길을 가만히 바라본다.

*

 성숙의 길에 한 번이라도 들어선 사람은 더 이상 길을 잃지 않고, 오직 승리할 뿐이다. 어느 날 새장의 문이 열려 있는 것을 보고, 마지막으로 두근거리는 심장을 안은 채 불만족스러운 것에서 달아나는 순간이 갑자기 닥칠 때까지.

작은 노래

무지개 시
죽어가는 빛으로 빚은 마술
음악이 흐르는 듯 행복하고,
성모 얼굴에 깃든 고통,
슬프지만 아름다운 존재…

폭풍우가 꽃들을 휩쓸어가고
무덤 위에 꽃이 놓이고
영원함 없는 유쾌함,
어둠 속으로 떨어지는 별.
세상의 종말 위에 드리워진
아름다움과 슬픔의 베일.

엮은이의 말

헤르만 헤세는 인생의 모든 과정을 몸소 체험하고, 각각의 특성을 묘사할 수 있게 오래 사는 행운을 거머쥔 예술가 중의 한 사람이다. 그렇게 까다롭고 여린 성격으로, 그리고 밀도 높고 생산적인 삶을 살아가야 하는 작가와 화가로, 여든다섯 살까지 살 수 있었던 것은 쉽게 간과해버릴 일이 아니다(그는 약 1만 4,000쪽에 달하고 총 스무 권에 이르는 전집을 남겼다. 3만 5,000장의 편지글과 약 3,000점의 수채화도 남겼다).

대개의 경우 재능이 많으면 인생을 짧게 마감할 것이라는 위험을 안게 된다. 그래서 보통 사람들은 함께 살아가는 사람들이 부여하는 장애물이나 저항을 향해 '어차피 세상사가 다 그렇다'라고 생각하면서 타협하고 적응하고 굴복한다. 하지만 평균에서 벗어난 사람 대부분은 그런 사람들보다 훨씬 앞서서 독자적이고 독립적인 길을 걸어간다.

헤세는 열네 살에, 그리고《황야의 이리》를 집필하던 마흔여섯 살에 자살을 시도했다. 적어도 두 번의 자살 기도를 살펴볼 때, 과연 그가 우연과 다른 사람의 도움을 가까스로 받지 않았다면 우울증을 극복할 수 있었을지 확신하기 어렵다.

　그가 내면의 많은 갈등만이 아니라 외적인 위험 요소, 즉 시대 상황에 따른 적대감과 특히 국가 사회주의의 위협을 이겨낼 수 있었던 것은 무엇 때문일까? 바로 1912년 첫 번째 자유의사에 의한 이민을 시도한 것, 그리고 1924년부터 스위스 국적을 취득했던 넓은 정치적 안목 덕분이었다. 일기장과 비슷한 헤세의 자서전에는 당시의 상황에 대한 쓰라린 심정이 수많은 편지에 적혀 있다. 이 편지들을 읽은 사람이라면 갈등의 소지를 그렇게나 많이 안고 있는 그가 삶을 그토록 오랫동안 지탱했다는 것에 놀라게 된다. 또한 그런 쓸쓸한 심정이었음에도, 그것이 그의 작품에 얼마나 적게 영향을 미쳤는지 보며 새삼 놀라게 된다. 그의 작품들은 끓어오르는 분노에 대한 토로가 아니라, 당혹스러울 정도로 단순 명쾌한 묘사가 두드러진다.

우리가 일상에서 매일 체험하는 늙음과 성숙이 서로 결합된 것은 아니다. "인간은 늙게 되지만 성숙해지는 경우는 드물다"라고 프랑스 작가 알퐁스 도데는 말했다. 신체적인 쇠락에도 불구하고 내면의 탄력을 유지하고, 나이의 제한에도 여유, 관용과 경쾌한 비상을 되찾아 젊은 시절의 자유로움에 다시 도달하는 경우는 극소수의 사람들에게만 허용된다. 그렇게 되려면 의식적인 과정이 필요한데 그것에 대해 하인리히 폰 클라이스트는 그의 유명한 작품 〈인형극에 대하여〉에 이렇게 밝혔다.

"우리는 반향이 점점 더 어두워지고 약해지는 반면, 고상함(순진함)은 점점 더 빛을 발하고 압도적으로 부각되는 것을 본다. 그러나 두 선의 단면이 점의 한쪽에서 무한의 관통 후에 갑자기 다른 쪽으로 가 있거나, 오목거울의 그림이 무한대로 멀어지면, 갑자기 우리 앞에 다시 나타난다. 자각이 똑같이 무한의 세계로 가버리고, 고상함이 다시 돌아와 동시에 아무것도 아니거나 혹은 무한의 무의식을 갖고 있는 가장 순수한 것으로 나타나는 것도 같은 원리다."

아흔한 살의 화가 파블로 피카소는 좀 더 간단하지만 비슷한 내용으로 이렇게 말했다.

"사람은 젊어지려면 아주 오래 살아야 한다."

헤르만 헤세의 경우를 보면, 그의 첫 번째 자서전을 쓴 휴고 발이 그에 대해 했던 말과 일치한다.

"그는 젊은 시절 노인처럼 느꼈고, 늙어서는 젊었다."

노년에 관한 글을 모아둔 이 책에는 마흔셋의 헤세가 관찰했던 내용이 수록되어 있다. 삶의 한가운데에 있는 남자가 덧없음과 제대로 저항하지 못한 채 휘말린 현실 세계의 휘발성을 의식하며 본 것들, 자연의 부활과 갱신에서 받은 인상들을 적은 글이다.

해마다 반복되는 삶의 새로운 과정은 그에게 비탄에 빠질 근거를 주는 것이 아니라, 오히려 독자적인 변화와 새로운 삶을 위한 자극이 된다. 주변을 에워싼 자연이 찬란한 빛을 발하지 않아도, 기분을 유쾌하게 해주는 예전과 같은 상태에 자신이 머물러 있지 않아도 상관없다.

노년과 젊음의 상관관계를 이미 오래전에 꿰뚫고 있

던 그는 "재능이 있고 감각이 섬세한 사람들은 마음이 즐거웠다가 금방 슬퍼지는 것처럼, 늙었다가 이내 다시 젊어지곤 한다"라고 했다. "하지만 인간은 불행하게도 자기 자신의 나이와 항상 같은 단계에 머물러 있지 않다. 종종 마음속으로 더 앞서 있으며, 대개는 그것보다 더 뒤쳐져 있기 일쑤다. 그렇기 때문에 자각과 삶의 정서는 육체보다 덜 성숙하고, 자연스러운 외양에 저항하게 되며, 스스로 해낼 수 없는 것을 자기 자신에게 요구하게 된다"는 것이다.

위기에서 위기로 넘어가면서, 헛된 발버둥이 헤세에게서도 나타났다. 육체의 기능이 느려지는 것과 달리 점점 더 젊어지려고 시도한 것이다. 나이 오십이 다 된 그는 한편으로는 요양을 필요로 하는 사람이면서도, 다른 한편으로는 삶의 갈증에 시달리며 난생 처음 무용 교습을 받는가 하면, 축제가 벌어지는 곳에서 밤을 보내기도 했다. 그러면서도 그런 식의 회피가 헛되다는 것을 일찌감치 감지하고 있는 자기 자신을 궁색한 익살로 지켜보곤 했다.

헤세는 만끽할 수 있는 육체적인 쾌락과 즐거움이 차츰 사라지는 것에 대해 발버둥 치고, 애써 그것을 다시 맛보고 싶어 했다. 그런 그는 자기가 겪는 것과 비슷한 과정을 주변의 사물들에서 인식할 수 있었다. 예를 들어 뇌우가 휘몰아치기 전 섬광이 번쩍일 때 사물들은 햇빛 속에 있을 때보다 더 선명하고 짙은 그림자를 드리운다. 또한 이때 사물의 색이 퇴색되기는 하지만 윤곽은 더욱 뚜렷해진다. 헤세는 사람이 노화되어가는 과정이 이와 같다고 생각했다. 화려한 색과 감성을 잃어버리는 것에 대해 한탄하는 대신, 뚜렷한 틀과 윤곽을 얻게 되는 것에 기뻐해야 한다는 말이다. 그렇게 하면 "노년은 젊음보다 나쁘지 않고, 노자는 부처보다 못하지 않다. 푸른색이 빨간색보다 좋지 않다고 할 수 없다"는 것을 쉽게 깨달을 수 있게 된다. 그리고 "젊은이들의 몸짓과 사고방식을 모방"하려고만 하면 노년이 가소롭고 우스꽝스러운 것이 되어버린다고 그는 말한다.

나이 드는 것에 저항하기를 포기하면서 그는 점점 더 나이 듦의 긍정적인 면을 의식하게 되었다. 바늘에 찔리거나 타격에 둔감해지는 것과 같은 여유의 확장, 유리한 것만 기억하려는 습관으로 인해 현재보다 더 아름답고 생동감 넘치는 것으로 기억되는 과거 추억의 축적, 육체의 결함에서 곧 벗어날 수 있으리라는 전망, 우리보다 앞서 죽은 친구, 사랑하는 사람, 존경하는 사람과 함께할 수 있을 거라는 생각, 그리고 우리를 기다리고 있는 것에 대한 걱정스러우면서도 한편으로는 신뢰가 가는 호기심.

> 설령 죽음의 순간이 닥치더라도
> 새로운 시작은 신선하게 우리에게 다가오리니
> 우리를 부르는 생명의 외침은 결코 멈추지 않으리…
> 자, 심장이여, 이별을 고하고, 새롭게 태어나라!

40년에 걸쳐 쓰인 본문과 그의 아들 마르틴 헤세의 훌륭한 사진에 눈길을 준 사람이라면, 동료 시인인 에른스트 펜촐트의 말을 수긍할 수 있을 것이다.

"시를 창작하는 모든 노력의 목적은 인생의 말년에 헤르만 헤세의 모습처럼 되는 것이다. 작품 속 인물과 그의 외모가 완벽하게 일치하기 때문에, 그의 삶과 노력을 마음속에 받아들이기 위해서는 더 이상 그의 책을 읽을 필요 없이 그냥 그를 쳐다보기만 하면 된다. 그러나 사실 우리는 그의 작품을 읽지 않고서는 그를 진실로 접해볼 수 없다."

폴커 미헬스

산문의 출처와 발표년도

〈봄이 오는 길목〉(1920)

〈여름의 끝〉(1926)

〈나이 든다는 것 · 1〉 이하

    Aus einem Brief von 1912 an Wilhelm Einsle.

    Aus einem Brief vom Dezember 1960 an seinen Sohn Bruno.

    Aus einem Brief vom Dezember 1949 an Otto Korradi.

    Aus einem Brief vom 21. 10. 1929 an Carlo Isenberg.

    Aus einem Brief vom 26. 10. 1929 an Elsy Bodmer.

    Aus einem Brief vom Januar 1920 an Anni Bodmer.

    Aus der Betrachtung 《Abendwolken》, 1926.

〈지나간 시간에 대해〉(1907)

〈요양원에서〉(1923)

〈뱃사공〉(소설 《싯다르타》 중에서, 1922) 이하

    Aus einem Brief vom Dezember 1955 an seinen Sohn Bruno.

〈쏜살같이 흐르는 세월!〉 이하

    Aus einem Brief um 1925 an seine Frau Ruth.

    Notiz zum 50. Geburtstag siner Frau Ninon, 18. 9. 1945.

〈쉰 살의 남자〉 이하

    Aus einem undatierten Brief.

    Aus einem Brief an Ernst Kreidolf vom 25. 4. 1916.

    Aus der Betrachtung 《März in der Stadt》, 1927.

    Aus der Brief vom 20. 2. 1917 an Walter Schädelin.

    Aus einem Brief vom März 1956 an Peter Suhrkamp.

    Aus einem Brief vom Februar 1930 an Georg Reinhart.

    Aus einem Brief vom April 1961 an Gunter Böhmer.

〈다시 만난 니나〉(1927)

〈노년이 되어〉 이하

    Aus einem Brief vom 24. 8. 1947 an Max Wassmer.

〈막스 바스메르의 예순 번째 생일에 부침〉 이하

    Aus einer Buchbesprechun.

    Aus 《Gertrud》.

    Aus einem undatierten Brief.

    Aus einem Brief vom 17. 12. 1930 an Wilhelm Kunze.

    Aus einem Brief vom 9. 12. 1948 an Rolf Schott.

    Aus einem Brief um 1933 an Ernst Kappeler.

    Aus einem Brief vom 12./13. 3. 1960 an Herbert Schulz.

〈스케치〉 이하

    Aus einem Brief vom 10. 1. 1937 an Georg Reinhart.

⟨사멸⟩ 이하

    Aus einem Brief 1935 an Hans Sturzenegger.

    Aus einem Brief vom 14. 1. 1922 an Werner Shcindler.

    Aus einem Brief um 1938 an Fanny Schiler.

⟨최후의 여행⟩(1936년경)

⟨쉼 없음⟩ 이하

    Aus 《Weihnachtsgaben》, 1956.

⟨활동과 안식의 조화⟩(Aus der Betrachtung 《Aprilbrief》, 1952)

⟨노년에 대하여⟩ (1952)

⟨가을비⟩ 이하

    Aus dem 《Rigi—Tagebuch》, 1945.

    Aus einem Brief vom November 1942 an Lajser Ajchenrand.

    Aus einem Brief vom November 1930 an Hans Carossa.

    Aus einem Brief vom Januar 1933 an M. K..

⟨잿빛 겨울날⟩ 이하

    Aus einem Brief vom 28. 7. 1916 an seine Schwester Adele.

⟨어린 소년⟩ 이하

    Aus 《Das Glasperlenspiel》, 1943.

⟨계단⟩ 이하

    Aus einem Brief vom 23. 7. 1950 an H. S..

    Aus einem Brief vom Februar 1960 an einen jungen Menschen.

    Aus einem Brief vom Dezember 1958 an einen Leser.

Aus einem Brief ca. 40er Jahre an Erna Klärner.

〈봄의 언어〉 이하

　　Aus einem Brief Ostern 1948 an Karl Kloter.

　　Aus einem Brief vom 22. 5. 1935 an Joseph Feinhals.

　　Aus einem Brief um 1945 an Else Marti.

　　Aus einem Rundbrief vom August 1958.

　　Aus einem undatierten Brief.

〈고단한 저녁〉 이하

　　Aus einem Brief um 1950 an Hans Huber.

　　Tagebuch vom 14. 5. 1955.

〈굴뚝 청소부〉(1953)

〈회귀〉(Aus 《Notizblätter um Ostern》, 1954)

〈사라지는 것들에 대한 단상〉(Aus 《Bericht an Freunde》, 1959) 이하

　　Aus einem undatierten Brief.

〈잘 있거라, 사랑하는 세상아〉 이하

　　Aus einem Brief vom Oktober 1951 an Georg Schwarz.

　　Aus einem undatierten Brief.

〈관습의 저편에서 부르는 외침〉(Aus 《Geheimnisse》, 1947)

　　Aus einem Brief vom 26. 12. 1939 an Rolf Schott.

〈8월 말〉 이하

　　Aus einem Brief vom 23. 8. 1947 an Otto Basler.

Aus einem Brief vom 17. 10. 1928 an Manuel Gasser.

Aus einem Brief vom Juli/August 1962 an Gertrud von Le Fort.

Aus einer Postkarte um 1950 an Siegfried Seeger.

〈가을 경험〉(1952)

〈벗의 부음을 듣고〉 이하

Aus einem Brief vom 14. 6. 1939 an Helene Welti.

Aus einem Brief vom April 1952 an Georg von der Vring.

〈늦가을 속에서〉 이하

Aus einem Brief um 1950 an Otto Basler.

Aus einem Brief vom 15. 4. 1931 an Helene Welti.

Aus einem Brief, Ende August 1948 an Hans Huber.

〈경험의 의미〉(Aus der Betrachtung 《Engadiner Erlebnisse》, 1953)

Aus einem Brief vom Juni 1931 an Fanny Schiler.

Aus 《Ein Brief nach Deutschland》, 1946.

Aus einem Brief vom 7. 9. 1951 an Ludwig Tügel.

Aus einem Brief vom Februar 1950 an Jeanne Berta Semmig.

〈노인으로 입문하는 것〉(Aus einem Brief vom November 1957 an Ernst Morgenthaler) 이하

Albumblatt aus den fünfziger Jahren

Aus der Betrachtung 《Reiselust》, 1910.

Spruch, den Hesse nach der Verleihung des Nobelpreises an seiner Haustür anbrachte.

〈높이 추켜올린 손가락〉 이하

    Aus einem Brief vom 24. 8. 1957 an Max Wassmer.

    Aus einem Brief vom 17. 3. 1950 an Thomas Mann.

〈첫눈〉 이하

    Aus einem Brief vom Juli 1955 an Hans Bayer.

    Aus einem undatierten Brief an Alice Leuthold.

    Aus 《Gertrud》. 1909.

    Aus einem Brief vom 30. 12. 1920 an Anne Rümelin.

    Aus 《Das Glasperlenspiel》. 1943.

    Aus einer Postkarte vom August 1942 an Lene Gundert.

    Aus einem Brief vom 4. 1. 1939 an Lydia Link.

    Aus einem Brief vom 17. 5. 1947 an Grete Gundert.

    Aus einem Brief vom September 1940 an Rolf Conrad.

〈모든 죽음〉 이하

    Aus einem undatierten Brief.

    Aus einem undatierten Brief.

〈죽음이라는 형제〉 이하

    Aus einem Brief vom Januar 1962 an Felix Lützkendorf.

    Aus einem Brief vom März 1958 an Ellen Delp.

〈그 옛날 천 년 전에〉 이하

    Aus der Betrachtung 《Zum Gedächtnis》, 1916.

    Aus der Betrachtung 《Zum Gedächtnis》, 1916.

어쩌면 괜찮은 나이

1판 1쇄 펴냄 2017년 10월 10일
1판 11쇄 펴냄 2024년 7월 15일

지은이　　헤르만 헤세
엮은이　　폴커 미헬스
옮긴이　　유혜자
편 집　　안민재
디자인　　김은영(표지), 이희윤(본문)
제 작　　세걸음

펴낸곳　　프시케의 숲
펴낸이　　성기승
출판등록　2017년 4월 5일 제406-2017-000043호
주 소　　(우)10885, 경기도 파주시 책향기로 371, 204호
전 화　　070-7574-3736
팩 스　　0303-3444-3736
이메일　　pfbooks@pfbooks.co.kr
SNS　　@PsycheForest

ISBN　　979-11-961556-0-5　03850

이 책의 내용을 이용하려면 반드시 저작권자와
도서출판 프시케의 숲에 동의를 받아야 합니다.

이 도서의 국립중앙도서관 출판시도서목록CIP은
서지정보유통지원시스템 홈페이지 http://seoji.nl.go.kr와
국가자료공동목록시스템 http://www.nl.go.kr/kolisnet에서 이용하실 수 있습니다.
CIP제어번호: 2017023104